精英 思想會
MIND TALK

精英 思想會
MIND TALK

［法］迈克尔·瓦伦丁 ———— 著
Michaël Valentin

陈明浩 —— 译

L'Après Lean,
Un Nouveau Modèle
Pour La 4ᵉ Révolution Industrielle

**HYPER-
MANUFACTURING**

超级制造

后精益生产时代，第四次工业革命的新模式

社会科学文献出版社
SOCIAL SCIENCES ACADEMIC PRESS (CHINA)

中文版序

新冠肺炎疫情危机进一步表明：东亚、北美、欧盟世界大三经济中心之间的工业博弈有可能对社会产生利弊兼具的深远影响。众所周知，中国是世界制造业大国，美国的互联网巨头则掌控了除中国以外的全球通信软件市场。疫情期间，通信软件成为人们生活和工作的重要工具。欧洲人由此进一步认识到欧洲对他国产品的深度依赖，有些产业甚至关系某些欧洲国家的命脉。因此，欧洲关于"逆全球化"和战略性工业回迁的讨论不绝于耳。这些讨论并非毫无意义，但讨论的同时我们还需认清事情的另一面：现实世界存在一定惯性，价值链的重构以及供应链的本土化无法在短期内完成。除此之外，成本战将极大地阻碍产业的回迁，这是欧洲面临的重要挑战。

毫无疑问，新冠肺炎疫情将使这个挑战变得更加严峻。2020年初，受疫情影响，中国制造业停摆六周以上，经济受到重创。随着疫情得到有效控制，中国经济又强劲复苏。世界好像一盘棋，中国像掌握战略性产业的重要棋手，具有可持续的竞争优势。欣喜也好，担忧也罢，全球再次看到中国制造业无可取代的地位。疫情期间，中国积极抗疫。美国消极抗疫的同时，进一步以"美国优先"的名义制造中美贸易摩擦。尽管美国采取了多种金融拯救措施，但是美国走出危机之路依然漫长。为了刺激经济，人心涣散的欧洲各国继续向金融市场注入大量债券。但从工业角度来看，欧洲的汽车和航空等标志性产业将受到长期影响。因部分欧盟国家的限制政策，中国对欧洲的工业投资在 2019 年和 2020 年急剧放缓，但之后有可能再次回升。2010 ~ 2018 年，瑞典沃尔沃汽车公司、意大利倍耐力公司、法国时装品牌浪凡和食品企业圣悠活、德国库卡机器人有限公司和克劳斯玛菲股份有限公司均被中国企业收购。

工业现在面临的问题是如何创造价值。

将产品开发、制造与产品后续使用划分为两个独立阶段的想法不再符合实际。在很长一段时间内，工业企业与价值链的其他环节，尤其是最终用户脱节。而现在，各环节之间的纽带开始逐渐建立，工业企业要创新，就必须非常详细地了解每个用户，以便快速推出满足其需求的产品。数字技术的出现使收集和利用用户数据变得从未如此简单和工业化。因此，制造业需要与数字化相融合。但这一融合过程并不简单，甚至充满陷阱和误解。例如，有人认为数字化只是提升竞争力的加速器，是工具箱中众多工具的一种；有人认为信息技术部门是一个封闭系统，只需为其他部门提供服务即可；还有人把自己限定在局部，从未想过局部创新措施的推广。

在这场工业博弈中，两个科技高地正为全世界指明前行的道路。

其中一个科技高地是加利福尼亚。特斯拉公司是该地首批成功进入大规模实体制造领域的初创企业之一。特斯拉公司的经验表明，制造业可以引入数字"基因"，与虚拟世界相融。为何其中一个科技高地是加利福尼亚，或者更确切地说是硅谷？历史表明，要在科技领域取得突破，企业就必须利用"硬件"生态系统。而硅谷在成为科技中心之前，就已经是芯片开发的乐园。不过，像特斯拉这样的成功企业依然是少数。

另一个科技高地则位于中国。成为世界制造业大国后，中国诞生了一批著名的互联网企业，如阿里巴巴、腾讯、百度等，中国的"独角兽"企业数量每天都在增加。中国有可能成功追上甚至超过美国科技巨头，成为带动软件与硬件融合发展的新火车头。与此同时，中国政府拥有强大的经济调控能力，能够以全局视野布局发展的优先顺序、制定长期工业规划。推动电动汽车发展便是其高效务实政策的体现。中国出台了一套完整的计划以刺激电动汽车消费、鼓励电池和轮胎生产以及稀土提炼，同时积极协调，大力引进人才和技术，如上海特斯拉工厂的建立。中国有科技巨头与富有远见的产业政策，为颠覆性生产系统的出现和发展提供了良好环境。在深圳，电子制造商逐渐向高端市场转移，并与当地互联网巨头融合，为建立新的数字制造乐园创造条件。

制造业转型趋势不断发展，世界迎来第四次工业革命。正如历史上的每一次工业革命一样，只有组织模式的改变才能带来真正的技术发展，以满足社会的新需求。继福特主义、丰田主义之后，特斯拉主义登场。中国不会错失机会，对特斯拉公司敞开大门。特斯拉的颠覆性模式以几大重要原则为基础，能够使整个公司在其生态系统内顺畅运行。我们正处于精益生产向超级制造过渡的关键时代，新时代需要新的组织模式。新冠肺炎疫情使人意识到，企业比以往任何时候都更需要依靠强大的工业基础和战略定位，同时应尊重环境、以人为本，采用灵活敏捷的生产系统，更注重本土价值的创造。因此，要适应新世界，企业就必须积极改变其生产体系和所有价值链。在中国、美国硅谷，以及所有价值创造高地，新型模式正在形成，本书将对这一模式进行详细介绍。①

迈克尔·瓦伦丁

2021 年 12 月

---

① 文中的专业术语以黑体字的形式突出显示，详细解释见"专业术语"一章。——译者注

目　录

图目录

引　言

经历了史无前例的金融危机后，全球经济呈现出一片"欣欣向荣"的景象，世界大部分地区重迎经济增长。美国实现近乎充分就业，经济增长率约为3%；中国增长速度相对放缓，但依然维持在约6%；欧洲经济复苏，虽然发展缓慢，但增速稳定在约1%。站在远处，宏观把握，我们似乎认为一切都好；但是近看，从微观入手，我们会发现众多发出警报的微弱信号，提醒人们当前的平衡格局将被打破。

首先，战后地缘政治平衡被打破。1989年柏林墙倒塌后，两极格局结束，以西方，或者更确切地说，以美国为主导的单极格局时代开启。然而，这一时代将随着中国的发展而终结。中国有可能在不到十年内赶上美国。

第四次工业革命使这样的趋势加速发展。事实上，数字技术已扩展到大多数经济领域，并影响每个人的生活。在中国，基于庞大人口收集的海量数据孕育出众多互联网巨头，百度、阿里巴巴、腾讯、小米（**BATX**）甚至可以和美国五大科技公司 GAFAM 匹敌。

其次，环境保护成为人们尤其是年青一代关注的焦点，环境问题正被列为重大政治议题。

最后，发达国家内部区域不平衡发展是冲突的根源。在全球化过程中，大城市受益匪浅，人才资源和房地产业迎来爆发式发展；而大城市周边地区经济活动收缩，公共服务水平下降，人才流失，房地产业停滞不前。

工业领域始终处于这一系列重大变化的最前端。首先，作为第一出口行业（全球75%的出口与实物商品有关），工业必将遭受全球地缘政治动荡带来的冲击。当特朗普威胁对中国铝制品加征关税时，中国随即限制稀土出口，以示回应，而稀土是生产电池必不可少的材料。无论是美国的威胁还是中国的回应，都涉及对两国至关重要的汽车制造业。其次，数字革命正悄无声息却密切地影响着工业世界。21世纪的经济巨头不再是通用汽车公司或福特汽车公司，而是微软公司或苹果公司，这两家公司的市值之和与法国的国内生产总值（GDP）相当！不过，更重要的是，GAFAM和BATX已着手进入硬件生产领域。亚马逊从一开始就将公司定位为颠覆行业的数字与实体结合体。又例如，苹果公司正大举进军无人驾驶汽车领域，并与特斯拉公司展开"挖墙脚大战"；谷歌公司与雷诺汽车公司达成合作；脸书已具备实体产品的自主生产能力；亚马逊投资了特斯拉公司的竞争对手Rivian，腾讯入股特斯拉公司……再次，工业还与环境问题息息相关，它产生了全球27%的碳排放。最后，工业在农村与大城市之间构建了一条历史纽带。第二次世界大战（以下简称二战）后，工厂大规模外迁至农村，工业公司总部向大城市聚集，同时工厂生产的产品源源不断地向大城市输送。而随着工厂再次迁移或关闭，这条历史纽带趋于断裂，导致地区不平衡加剧。

因此，我们正立于十字路口，而工业很可能是各种变动——涌现的领域。关键问题是，工业能否适应全新的局面？

从工业角度来看，世界各国（地区）可以分为三类：美国、法国、英国、意大利等传统老牌工业国属于第一类，它们押注"后工业社会"，因此自第三次工业革命，即工厂自动化革命以来，它们均面临增长乏力的困境；第二类是表现亮眼的日本和德国，它们重点发展"黄金三十年"①的增长型产业——汽车制造业、能源业、工业设备和机器制造业；第三类为工业界新秀，如韩国和中国台湾地区，它们跨过之前的工业革命，直接获得最新一代的工业工具，发展势头超过前两类，而中国正逐步向这一队伍靠近。早期，中国工业主要依靠劳动力成本优势发展，而现在，则将重点放在新技术发展上，并加快推进机器人化。

中国当前的转型显示，在数字化的影响下，整个工业领域将迎来一场彻彻底底的革命。而之前每一次工业革命的经验是，与新形势相匹配、相适应的生产系统是工业革命进行的重要催化

---

① 二战后经济高速增长的三十年（1945～1975年）。

剂。三十年来，精益生产已成为全球大多数地区、大部分行业的黄金生产法则。今后，哪一种系统将脱颖而出，成为精益生产的"终结者"？

德国携"工业 4.0 计划"① 而来，欲从制度上回答这一问题，为全世界指明了道路。但该计划针对的是德国独有的工业特征，尤其针对的是工业设备和解决方案供应领域。因此，该计划优先关注有利于提高竞争力的技术，而不是数字行业的新商业模式。日本作为精益生产的发源地，具有先进的机器人技术，同样有可能成为培育新生产系统的沃土。但该国陷入滞胀，改革困难，数字产业面临的困难更大。于是，美国和中国这两个数字技术最先进的国家，自然而然最有可能成为新型工业模式的燎原之地。在美国，特斯拉模式② 成为新工业模式的重要展示窗口，但该模式相对封闭在自己的生态系统中。在中国深圳，一个新的"硅谷"正在冉冉升起，并向美国逐渐放弃的硬件领域进军。在那里，成千上万家公司努力跨越后精益生产时代，并向超级制造时代迈进。

4

什么是超级制造？它是精益生产的升级版本，既包括对原有

---

① 工业 4.0 计划是德国政府于 2013 年正式推出的一项战略计划，其目的是提高德国工业竞争力，推广德国制造的技术标准，巩固德国品牌的全球影响力，使德国在新一轮工业革命中抢占先机。——译者注

② M. Valentin, *Le Modèle Tesla. Du toyotisme au teslisme：la disruption d'Elon Musk*, Dunod, 2018.

基础的增量改进，也包括对过去的彻底颠覆。为什么超级制造暂未在整个工业领域大规模快速推广呢？首先是因为这一新系统的特征还未被梳理，而本书的写作目的之一便是将其体系化。但更重要的原因是，少数几家领先企业直接诞生于数字时代，未经历传统生产向超级制造的转型，无法提供可供参考的转型方法。企业如何为进入未来世界做准备呢？它们如何适应新形势，并成功完成转型呢？本书将为各类制造业企业提供转型的参照依据，树立航标，揭开超级制造的秘密。 5

美妙的新世界？

当今世界瞬息万变，诸多变化猛烈地冲击着"全球化"等传统工业逻辑。过去四十年间，在工业领域，各类艰巨挑战接踵而至。面对年青一代"心理"期望的变化、消费者对社会和环境保护的要求、普及的网络模式、技术上的挑战和新兴国家的竞争，工业能否再次适应新环境？本章将逐一梳理这些变化。

一　初创主义，一种新思维？

无归属感的时代

几个世纪以来，基督教深刻地影响着人们的生活。法国的启蒙运动和1789年爆发的大革命使旧时代的根基动摇。在大多数发达国家，社会越来越重视个人及其自由意志。20世纪下半叶，随着群体意识的瓦解和个人主义兴起，人们对政府和政治权力开始不信任，对环境破坏产生悲观认识。这个时代还剩下什么可以激发年轻人的梦想呢？

杰罗姆·福尔盖（Jérôme Fourquet）在他的著作《法兰西群岛》① 中提到，法国乃至整个西方社会是复杂多样的，呈现分裂的"群岛化"形态。在大城市，热门职业不断变化。20世纪80年代，人们对公务员岗位趋之若鹜；到了90年代，大型企业高管成为理想职业，而20世纪前十年，贸易和金融成为热门行业。但那之后，年轻人的梦想是成为企业家。对于这种现象及相关传闻，我们有时一笑置之。然而，年轻人的目标随历史发展而不断变化意味着归属感的终结。在数字时代，人们无须与一场运动、一家企业或单位终身"捆绑"，数字技术使我们可以"一

---

① *L'archipel français*, Le Seuil, 2019.

键式"多次绑定或解除成员资格。即便道阻且长，众多千禧一代的梦想是创立自己的企业，并为了成功而尽可能与同道中人结成联盟。

任何一家初创企业都以解决用户问题为目标：爱彼迎（Airbnb）为成千上万房东带来收入，颠覆了整个酒店行业；优步（Uber）改变了城市出行供需体系，以提供令人满意的出行体验为使命；声田（Spotify）极大地简化了粉丝与相关群体的关系，使每个人都能发现更符合自己喜好的艺人。要成为一名成功的企业家，创业者需行事有方、心有谋略、精力充沛，并且掌握稀有技能。成功的机会非常稀少。因此，企业的创始人需要有坚强的意志、美好的愿景，才能乘风破浪。此外，我们不能把初创主义理解为团队协作。企业仅有团队协作精神，并不能确保成功。这是一个胜者为王的世界，人与人之间的团结可能稍纵即逝。这个世界由一个个小型组织构成，这些组织灵活多变，总是不断重组，并以光速向前发展。

但工业界要整合这种新模式并不容易，因为它历来是重视集体和可持续发展的团结之地。当然，与动辄汇聚上万名员工的 20 世纪工厂相比，21 世纪工厂的员工数量大幅减少，但工业依然十分消耗劳动力，且其不同部门与相应级别严格挂钩。我们很难想象一个人人皆是创业者以及由众多边界模糊且灵活多变的组织构成的工业世界。诚然，越来越多独立运作的单位围绕现代工厂而建立，但这些小型单位依然通过共同的目标以及"客户－供应商"的概念而相互依存，并最终导致运行模式趋同。由此可见，初创主义的一个特点便是人人皆为"创业者"，组织之间的边界模糊，组织形式灵活多变。而传统工业与初创主义之间依然存在一道深深的"精神"鸿沟。

以网络模式为主导

初创主义的另一个特点是以网络模式为主导。人们借助数字技术，可以实现与其他人一起实时在线工作。互联平台直接对人才供给与需求进行匹配，从而解决供需矛盾。因此，企业选择自己生产还是把生产任务外包给时间更多、能力更强的企业将不再是难题。工作流程开始变得顺畅，因此大多数企业选择把计算机代码业务外包出去。

网络模式不仅限于生产，它还是产品和服务销售的强大加速器。信息的实时共享可以减少供需矛盾。例如，爱彼迎把本来永远不会见面的人联系在一起。

工业企业对网络模式并不陌生。事实上，自 20 世纪以来，随着供应链的扩张，工业系统已经建立了复杂的零部件、能源、服务供应网络。改变已有的工业供应链注定会遇到诸多困难。一方面，工业系统就既定流程选定供应商的过程通常比较复杂；另一方面，工业供应链物流存在自然惯性，与分布在整个网络中的库存有关，也涉及一个或多个组织内的基本流程。因此，在工业领域推广网络模式似乎十分困难。

然而，工业内部的众多流程可实现"平台化"，流程平台化也是未来面临的重要挑战。例如，如今的工厂都有一套自己的招聘、培训、考核等基本流程管理方式。但事实上，各个工厂之间的基本流程并不存在巨大差异。因此，我们可以开发**软件即服务（SaaS）**平台，对这些流程进行管理。各中小企业，无论其多孤立，都可以通过这类平台体验到全球最佳管理方式。"集中专业力量，以极具竞争力的价格提供世界一流的服务"的原则早已在数字领域得到推广。人们要想翻译文本，或将语音转为文字，抑或通过复杂算法对数据进行处理，无须进行前期投资，只需花费几欧元接入谷歌公司、苹果公司或亚马逊的**应用程序接口（API）**，整个服务过程会变得非常简易。依托智能化问题解决平台，人们可以直接从耗费数百万个小时研发生产的专业技术中受益。可以想象，在未来，诸多工业流程服务均可以像这样获得，其成本只需几欧元，且这类服务无任何技术障碍。因此，正如其他多数专业领域一样，工厂也应尽快联网，即便利弊相伴。毕竟网络模式有非常突出的优点，也必伴随相关问题，例如目前管理人力资源流程的人员如何转型？如何处理云人事数据？如何建立足够标准化的接口，使外部定义的流程能够与工厂内部流程顺利兼容？网络模式的实现不能一蹴而就，必定困难重重。

从数万名执行者到数百名改进者，再到数十名"设计师"

19 世纪，工厂人员众多，工厂仿佛一个垂直的军事组织，成千上万名工人围绕着硕大的中央机器劳作，这些机器吞噬和改造着原材料。到了 20 世纪，福特主义和丰田主义使生产率有了极大提高，工厂开始"瘦身"，劳动力减少。与此同时，一种新的工作理念诞生：持续改善，鼓励每个人分享自己的想法，以提高系统效率。工业主力"作战部队"旁边出现了新的"兵种"——改进者，如**六西格玛**①**绿带**、**六格西玛黑带**、变革倡导者、精益生产专家等。工业界急需相关人才，以迎接一场大规模的转型运动。平均而言，每 100 人需要一名改进者。企业间展开人才争夺战，人员流动变得越来越频繁。

如今，一场新的"战役"已经打响：继改进者之后，工业需要一种全新人才——"设计师"，以设计易用的数字化解决方案，供生产操作员使用。"设计师"们不但要对流程进行优化，而且需对生产行为了如指掌，以便为生产操作员设计出拥有良好

11

---

① 六西格玛是一种改善企业质量流程管理的统计评估方法。六西格玛借用跆拳道的级别管理方式，为组织机构的主要角色命名，其中"黑带"指六西格玛管理中的重要角色，"绿带"指黑带项目团队的成员或较小项目团队的负责人。——译者注

使用体验的互联工具。企业发展和转型必定造成关键人才的稀缺，能够兼任"现场设计师"和"产品经理"的人才少之又少。具备数字行业和制造业双重背景的人员将成为生产体系内不可多得的资源，如果企业能按 1∶10 的比例配置"设计师"和改进者，将离目标越来越近。

初创主义、得到普遍推广的网络模式、变革所需的稀缺资源等都是数字化给传统工业带来的巨大挑战！

二 板块构造理论

除了数字化，新的地缘政治时代也将对世界经济体系产生重大影响。地缘政治变化不一定如暴风骤雨，有可能悄无声息，但一定是不可避免的。工业环境非常特殊，各个工厂看似分散在各地，又极其重视日常运营的本土化，但这些工厂仿佛通过一根根触手相互连接，组成一张庞大的全球网络。因此，地缘政治变化势必会给工业带来直接影响。

中国与西方国家之间的"龟兔赛跑"

作为世界第一大经济板块，亚洲（尤其是中国）不断发展，在各个领域迎来爆发式增长。2005 ~ 2015 年，亚洲贸易份额从 27% 增至 33%，外资投资份额从 12% 增至 26%，航空客流量份额从 33% 增至 40%，亚洲专利申请数量占全球专利申请数量的比例从 52% 增至 65%，货运份额从 58% 上升至 64%。[①]

40 年前，阿兰·佩雷菲特（Alain Peyrefitte）还无法预测中国快速发展的时间节点，但已卓有远见地提出"当中国快速发展时，世界将为之颤抖"[②]。而现在，中国影响着世界经济的方方面面，已然使整个世界震撼。

长期以来，中国利用合资企业引进西方技术。在主要西方国家看来，中国是低成本生产的理想国，蕴藏着巨大机遇。但中国工业政策逐渐开始展现其强硬一面：一旦做强某个行业，中国便直面西方竞争，并凭借不输他人的技术实力进入西方市场。纺织业、电子业和重工业均是如此。而如今，汽车制造业、航空制造业可能是中国将攻克的新领域。

首先，中国的强大得益于中央权力的连贯性，政府能够提出全面系统的发展计划；其次，中国拥有规模庞大的市场；最后，大量的财政储备使中国能够大规模投资重点产业。

面对中国在传统领域一往无前的气势，西方是否依然能保持数字技术上的领先？答案是否定的。与美国 GAFAM 相比，中国科技公司毫不逊色，BATX 甚至拥有竞争对手无可比拟的巨

---

① *The Future of Asia, Asian Flows and Networks are Defining the Next Phase of Globalization*, McKinsey Global Insitute, 2019.

② *Quand la Chine s'éveillera…le monde tremblera*, Fayard, 1980.

商业案例

中国汽车产业的雄心

中国政府决定大规模发展电动汽车。原因有三个：第一，欧美国家在传统汽车领域深耕数十载，中国超过欧美国家的可能性微乎其微；第二，中国城市污染日益严重，人们对污染的容忍度越来越低；第三，中国是稀土资源储量大国，而稀土是生产电池不可或缺的元素。中国政府为汽车的未来发展投入了巨额资金，以确保电池的稳定供应，并推动新兴汽车制造企业的发展。

中国政府通过汽车牌照限制措施，拉动新能源汽车需求。例如，上海对传统燃油汽车的"蓝牌"实行限量供应，人们排队等待牌照的周期可能长达好几个月，而购买电动汽车"绿牌"则相对容易很多。

与此同时，中国政府大举投资人工智能和自动驾驶领域，它们是"智慧城市"必不可少的重要支撑。阿里巴巴甚至将人工智能导入杭州交通控制系统，以缓解交通拥堵。

最后，目前，中国制造了世界上 99% 的电动公交车，是电动汽车销量占比最高的国家之一。2019 年，中国电动汽车销量占比达到 5%，而在除挪威以外的大多数西方国家，这一比例仅为 1% ~3%。

14

大优势。首先，中国数字巨头比美国对手拥有更完善的生态体系，如腾讯一家便整合了包括瓦次普（WhatsApp）、脸书、领英（LinkedIn）、声田和贝宝（Paypal）等多家互联网企业的功能。此外，腾讯还投资特斯拉等企业，进入自动驾驶领域。其次，

BATX 能够依托巨大的中国市场建立庞大数据库。再次，BATX 诞生时间较晚，能够从零开始创建新系统，无须从旧系统过渡，不受"传统"束缚。最后，中国拥有4.5亿千禧一代，相当于欧盟或美国总人口，而且中国人普遍对新鲜事物有较强的适应能力。 15

面对如此新兴大国，西方还要故步自封吗？事实上，中国既是其经济对手，也是其学习对象。正如上文提到的深圳一例，中国在价值链合作领域提供了良好的学习典范。在20世纪占据先机的"西方野兔"与"中国乌龟"之间展开的竞赛才刚刚开始。

严峻的环境问题

多年来，经过专家辩论、召开国际会议、意向宣言等多种宣传渠道的轮番"轰炸"，大众终于意识到环境问题的严重性。政府间气候变化专门委员会（Intergovermental Panel on Climate Change，IPCC）的科学报告变得越来越精确，也越来越令人不安，而Y世代和Z世代①的生态意识也变得越来越强。例如，瑞典环保少女格蕾塔·桑伯格（Greta Thunberg）到全球各地演说，警告人们，如不快速行动，其子孙后代将遭受无可弥补的损失。 16 以前，关心环境问题的群体主要以富人和中产阶级为主，而现

---

① Y世代泛指1980～1994年出生的人群，Z世代泛指1995～2009年出生的人群。——译者注

在，环保意识正渗透到社会各个阶层。在法国，一项关于个人关心事项的最新调查显示，社会底层人群对环境问题的关注度甚至超过对购买力不足问题的关注度。①

面对这种形势，有两种持不同观点的经济决策者。第一种经济决策者提出新愿景，认为有必要彻底改变思想观念以及新产品或新型服务的开发方式。例如埃隆·马斯克（Elon Musk）以"为能源转型做贡献"为使命建立了特斯拉公司。以环境保护为使命而创业的整整一代企业家均属于这一类。而第二种经济决策者人数众多，他们盲目且被动，因循守旧，认为"资源无限"，继续手持20世纪的"武器装备"上"战场"，消耗石油以驱动大型工业机器快节奏运行。

但就像20世纪80年代的电影《疯狂的麦克斯》所展现的一样，石油供应量减少的可能性越来越大。首先因为石油储量在减少，而更重要的原因是，社会对减少石油使用量的呼声越来越高。人们已向消耗化石燃料的"旧机器"时代"宣战"，而这场"战争"才刚刚打响。在电影中，末日英雄发现自己迷失在荒漠中，他们唯一的目标是找到石油，因为只有这样才能活到第二天。

---

① 法国民调机构Ipsos – Sopra Steria于2019年9月发布的一项调查结果显示，当被问及"个人层面"最关心的问题时，法国人将"环境保护"放在首位（52%），领先于"社会制度的未来"（48%）和"购买力不足"（43%）。该调查由《世界报》、让·若雷斯基金会和蒙田研究院组织完成。

　　然而环境是随时间的流逝而缓慢变化的，对现实生活中的人们来说，气候问题只是一个不痛不痒的问题。因此，旧经济模式容易使人不考虑未来而盲目前行，甚至极度否认气候变化的事实。如果没有大规模的群众运动，这种观念很难改变。不过，时事新闻不断提醒我们全球供应链严重依赖化石燃料的现实。2019年，世界主要石油生产国之一委内瑞拉发生一系列危机、霍尔木兹海峡油轮遇袭、沙特阿拉伯石油设施遭受攻击，以及亚马逊地区（该地区被称为"地球之肺"，能够大量吸收石油经济产生的二氧化碳）发生森林大火。人类长期依赖石油供应链，离不开化石燃料。开采和运输石油，将石油转换为能源以及工业品，这一系列活动导致环境问题日益凸显。但问题不只源于石油供应方，公民消费者作为需求方也难辞其咎。2018～2019年，法国油价上涨引爆"黄背心"运动。普通工薪族受油价上涨影响最大，因为他们的收入相对较低，且很多人住在公共交通服务有待完善的郊区。选择当下的面包还是未来的地球是个难题。

　　在整个过程中，工业扮演着什么角色？制造业因其导致的诸多负面影响而备受指责。工业生产、能源消耗、供应链运输等使工业成为全球最主要的二氧化碳排放源之一[1]，而工业价值链中

---

① Joint Research Center de la Commission européenne sur les émissions de CO_2 mondiales, Rapport 2018.

18 每一个环节所排放的废物和垃圾又使工业成为世界最主要的污染源之一。各行业化石燃料二氧化碳排放量如图 1 所示。

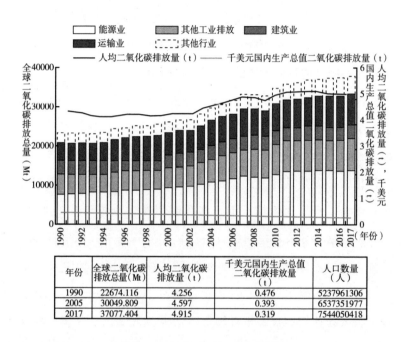

年份	全球二氧化碳排放总量（Mt）	人均二氧化碳排放量（t）	千美元国内生产总值二氧化碳排放量（t）	人口数量（人）
1990	22674.116	4.256	0.476	5237961306
2005	30049.809	4.597	0.393	6537351977
2017	37077.404	4.915	0.319	7544050418

图 1 各行业化石燃料二氧化碳排放量

资料来源：Joint Research Center de la Commission européenne sur les émissions de CO$_2$ mondiales, rapport 2018。

注：Mt 为百万吨；t 为吨。

只要我们反思和重构，就可以找到工业问题的答案。我们正期待着工业的深度转变。首先，供应链需要重新设计，原材料、零部件、能源等需要彻底改变。同时，工业上游、下游运输端需

缩短周期，"海、陆、空"等运输方式需要生态化。此外，生产　19
过程需要持续改进，一是为了减少原材料、零部件和能源消耗，
以减少浪费（如产品报废和返工），提高效率；二是为了减少生
产过剩，提高可追溯性，避免出现产品未上市便过时以及**版本控
制混乱**等问题，从而优化工业计划流程。最后，在产品和创新的
开发过程中，企业需要在源头考虑生态设计和循环经济，例如使
用可回收材料、就近采购、延长产品使用寿命并推动产品在整个
生命周期中的改进升级。

三　人才之战

世界秩序的变化、地缘政治压力、生态环境危机，这些宏观
变化实际存在，且影响深远。而在"微观经济"层面，工厂面
临着更直观的危机：专业技术人员越来越稀缺，工业对 21 世纪
人才的吸引力越来越低。调查显示[1]，工业企业高管指出了当前
缺乏的人才，如维护人员、锅炉工、机加工人员等，[2] 以及未来
缺乏的人才，如 3D 打印和物联网等领域的技术人员。但企业最

---

[1] Enquête pour Robert Half en France menée auprès de 700 DG, DAF et DSI, janvier 2019. FNEGE/Médiamétrie, 3e édition du baromètre des grandes préoccupations des cadres dirigeants du secteur privé, mai 2018. Enquête Manpower 2018 sur la pénurie de compétences. Korn Ferry, *The Global Talent Crunch*, 2018, etc.

[2] Enquête «Besoins en main – d'œuvre» (BMO), Pôle Emploi, 2018.

缺的是数字化转型人才，如设计师、产品经理、程序员、4.0架
20 构师、首席技术官等。根据普华永道最新调查[1]，全球超过1/4
的高管（28%）对所在地区数字技能的缺乏极为担忧，这一比
例在南非达到49%，在中国达到51%，在巴西达到59%。

　　企业对专业人才的需求得不到满足，旧职业在转型的过程中
得不到技术支持，也将面临重大风险。"技能迁移"是确保企业
人才补给必不可少的有效路径，"技能空缺"和"技能迁移"已
成为各研究机构近期关注的热点。[2] 根据2018年德勤和美国制
造业协会发布的研究成果，由于技能供需不匹配，2018~2028
年，美国制造业的人才缺口将达到240万人。

　　相关人才稀缺的主要原因是什么？首要原因是技术以指数级
发展，但最重要的原因是经济活动越来越集中于大城市。大城市
就像磁铁一样吸引着全世界最优秀的人才，正如皮埃尔·维尔茨
（Pierre Veltz）所提到的，世界十大经济集群占全球GDP总量的
40%，占全球研发总量的75%。[3] 因此，在法国等主要工业国家
的外围或乡村地区，孤立的工厂几乎没有获得新型人才的机会，
而工业系统的转型升级必须以人才为支撑。

---

①　21e Baromètre PwC sur l'opinion des dirigeants d'entreprise，janvier 2018.

②　McKinsey Global Institute，*Skills Shift*，*Automation and the Future of the Workforce*，May 2018. 2018 Deloitte and The Manufacturing Institute Skills Gap and Future of Work Study.

③　*La Société hyperindustrielle*，La République des idées，Seuil，2017.

　　然而自相矛盾的是，数字技术发展是造成"技能空缺"问题的主要原因，但也是解决问题的良方。在新型工作模式下，工作流程将比以前变得更加流畅。例如，员工可以通过协同通信工具实现远程办公，数字平台使劳动力供需更加匹配。因此，通过 Malt①等平台，企业可以轻松找到设计师或开发人员，并临时雇用他们来完成几个小时或几天的工作任务。长期来看，数字时代的新型工作模式可以应用于工业的关键部门，如维护部门、质量部门和规划部门等。但最重要的是，共享平台可以让客户更充分地利用稀缺技能，让供需匹配度更高，从而部分解决"技能空缺"问题。

　　如果国家缺乏相关人才，便很难制订良好的工业系统转型计划，更不用谈执行计划。而哪些是急需技能？如何找到获取这些技能的渠道？每一位工业企业管理者都面临着巨大的挑战。

四　改造精益生产

精益生产时代之后是什么时代？

　　二十多年来，OPEO（笔者所在的咨询机构）的员工走遍了世界各地的工厂，并协助它们推动工业系统转型。工业所处的时

---

　　①　Malt 是一家法国自由职业者服务平台。——译者注

代和行业背景不同，所面临的转型问题也不相同。简单来看，2000 年至今，工业需求的转变路径可以简化为，从追求降低成本到力图缩短周期，到提高服务和产品质量，再到如今探索产品个性化和优化价值理念。但 OPEO 走访过的工业企业高管们一致认为，精益生产将依然发挥重要作用，并引领工业企业实现既定目标。

22

然而，近年来，精益生产思想体系逐渐走下神坛。大多数工业企业开始对四十年前已定型的精益思想提出质疑。人们在问，精益生产时代之后是什么时代？正如上文所述，当今的经济面临重重挑战，这似乎也表明了业界急需新的生产模式。

例如，要满足客户对低碳足迹"绿色"产品的需求，企业就必须改变供应链。精益管理诞生于全球化时代，产品在世界各地组装，一个零件可能周游地球好几圈。如果为了缩短生产周期而改变供应体系，那么精益生产原则是否依然适用或有效？

又例如，数字和社交网络使整个生产过程变得更加透明。从理论上讲，消费者可以通过产品获取大量信息，如关于产地、产商、生产方式的信息。这一变化将颠覆精益生产原则，尤其是提倡每个环节都能确保产品质量的**"自働①化"**（**Jidoka**）原则。

---

① "働"即"人"＋"自动化"，强调人机结合。——译者注

信息透明是对质量的补充，也是对"质量"含义的重新解读。

精益生产似乎过度重视工厂效率，导致环境被忽视，因此很难激励和吸引年轻一代。但正如我们所见，年轻人拥有关键技能，并且行业对年轻人的吸引力是其能够迎接新挑战的必要条件。

多年来，精益生产对工业组织模式产生了深远影响，但现在，精益生产亟须改造升级。

遗留系统

数字技术在工业过程中的应用并不鲜见。事实上，工业曾经过早引入**信息技术（IT）**，并为未来埋下隐患。工业是率先采用完整且强大的信息技术系统的产业之一，新技术加强了财务与业务的衔接，并有效确保了日常管理的精准性。20 世纪 90 年代，**企业资源计划（ERP）**系统概念的提出具有深远的创新意义。但这些系统一旦部署，便带来一定的消极影响，导致决策循环过程难以朝越来越短的方向发展。过早引入信息技术使工业背负比其他产业更沉重的"技术债务"，**遗留系统**陈旧、失配，且难以移除。参与过 ERP 系统部署的人员可能对此感触颇深，长达两年的部署周期和多达几百万欧元的投入，最后却事倍功半，有时甚至还损害了工业发展的连续性。当然，如果没有充分理由，企业不会轻易变动费尽心思安装的系统。

但是，今时不同往日。一方面，僵化的大型系统已经过时，灵活的信息技术架构才是成功的重要保障；另一方面，现场操作人员需要令人愉悦、符合人体工程学和易于使用的工具。20世纪80年代，企业总是倾向于在工厂内使用"丑陋"且反人体工程学的工具，以防止工人"玩乐散漫"耽误工作。而现在，人们拥有智能手机，可以直观感受智能设备的易用性和愉悦性，并不自觉地将其与工厂使用的工具进行对比。使用最新设计的设备成为提高行业吸引力的必要手段。

工业是最早建立复杂信息技术系统的产业之一，但冲锋在前的代价是不得不学会如何与"遗留系统"共存。中国、韩国、巴西等新兴工业化国家直接采用了新的信息技术架构，从而逃脱了冲锋在前所带来的"厄运"。

客户就在身边

精益生产系统最大的优势之一在于集中力量实现关键目标——减少浪费，为客户带来更多价值。数字经济使这一进程得以加速，同时要求响应更加及时和精准。提升**用户体验（UX）**以改善每个人的日常生活，这一原则已被数字巨头视为圭臬。因此，在工业4.0时代，客户不再只是购买行为人，自产品或服务设计之初，他们便已成为企业的"永久伴侣"。企业与消费者的关系变得更加紧密，如果企业能对潜在客户感同身受，甚至比他

们更了解自己的需求，就能给他们提供意想不到的服务。美国
GAFAM 始终坚持这种理念，并最终把各自市值发展到接近法国
GDP 的一半。丰田主义曾极具远见地主张将客户置于员工关注
的中心，现在，在数字经济的助力下，这种理念将迎来全新
升级。 25

如果仔细研究 GAFAM、BATX 以及其他科技公司的"基
因"，我们会发现，满足客户需求并超越客户期望并不是它们唯
一的承诺，各企业几乎都系统地将解决社会问题列为最重要的业
务目标之一。特斯拉公司致力于为"加快能源转型"做贡献，
阿里巴巴承诺为全世界小型企业牵线搭桥，微软提出"予力全
球每一个人、每一个组织，成就不凡"。

精益生产视客户为中心，而客户并没有脱离周围环境而孤立存
在，客户是母亲或父亲，是员工，也是公民，总之，客户重视产品
背后的意义。GAFAM 对此了然于心，并且知道企业取得竞争优势的
关键不仅在于提高产品和服务质量，还在于提高沟通和吸引人才的
能力。因此，企业越来越重视由内而外地加速商业模式的创新，从
而尽可能吸引四方人才的使命。

诚然，精益生产鼓励减少浪费的原则依然完全符合当今时代
的需求，但精益生产诞生于 20 世纪 80 年代，并以解决当时经济
发展所面临的主要问题为目的，当时的主要问题有全球化速度加
快、物流网复杂而庞大、组织呈现孤岛化、专业知识高度集中、

金字塔式等级结构以及信息共享复杂化等。

26　　　　但在新模式下，生产在地理上重新集中，组织机构灵活敏捷、互联互通，工厂管理"扁平化"，信息共享方便快捷。在这些情况下，精益生产依然适用吗？

五　延续还是颠覆？

近年来，第四次工业革命逐步展开。经过前期尝试后，大部分工业领导者似乎开始坚信，必须从根本上对企业进行调整以利用数字技术。根据毕马威在 2018 年底进行的一项研究，法国 81% 的中型市场企业欲开展不同程度的数字化转型。[1] 而之前的一项研究显示，法国的中小型企业在数字化转型方面处于落后水平。[2] 前后两项研究结果形成鲜明对照。改变虽不易衡量，但已经发生，尤其是在国际背景的参照下。

改变的维度有两个。改变的第一个维度是，企业直接利用新技术（物联网、3D 打印、机器人、增强现实、人工智能、机器学习等），以提高竞争力和灵活性，赢得市场优势。例如，法国定制橱柜生产企业司米集团对其工业过程进行深度自动化改造，

---

[1]　KPMG, *Transformation digitale des ETI : la dynamique est enclenchée*, octobre 2018.

[2]　Bpifrance Le Lab, *Histoire d'incompréhension, les dirigeants de PME et ETI face au Digital*, septembre 2017. Institut Montaigne, *Industrie du futur, prêts, partez*, septembre 2018.

并对销售网点和工厂进行数字化整合，从而有能力在一天内完成
定制厨房的生产。但从根本上来看，这些措施并不新鲜，尝试整
合新技术以代替旧技术一直是工业界的传统。　　　　　　　27

实际上，改变的第二个维度是数字化。它才是变革的关键，
其意义超越了许多所谓的"颠覆"。数字化意味着彻底重新审视
供应链，改变商业模式并革新思想。其中最常见的方法便有，开
发具有数据收集功能的互联产品，并通过数据和服务获利。

波士顿咨询公司在 2016 年的一项研究中预计，到 2025 年，
工业 4.0 通过生产率的提高和商业模式的转变，将使全球工业生
产总值增长 20% ~ 25%。[1]

精益生产系统围绕工业系统而建立，能够帮助工业组织提高
生产效率并获得更高收益。在数字时代，哪种新型组织系统能够
使企业既通过提高生产效率，又通过改变商业模式而获得收益？
答案便是超级制造。[2] 青出于蓝而胜于蓝，超级制造继承了精益
管理在生产效率提升上的优势，又在其他方面进行了诸多新的探
索，以挑战现有的商业模式。　　　　　　　　　　　　28

---

[1]　BCG, *Winning the Industry 4. 0 Race*, décembre 2016.

[2]　在《特斯拉模式》一书中，我们基于对特斯拉公司的观察对这种新模式进
　　行了初步描述，本书是对新模式在细节上的拓展。

超级制造体系

超级制造以大规模投资新技术为基础，但技术不是工业成功转型的唯一要素。工业成功转型的关键还在于调整运营系统和管理系统，优化团队技能和行为。如果工业不能成功转型，技术的作用将大打折扣。

过去的经验表明，对工业系统进行详尽地描述和梳理，是精益生产成功实施的关键因素之一。这样能确保精益生产实施过程的统一性以及工业工具转型所带来收益的可持续性。"生产系统"这一概念成为工业界的通用语言。该概念明确了工业运营和管理实践的基础原则，并对改善方法和日常工作进行了整体规划。

丰田生产系统（TPS） 作为最广为人知的生产系统，是大多数企业开展"精益"转型的灵感源泉。丰田生产系统为接下来的生产体系打下了坚实基础，时间已经证明了丰田生产系统能够恰当且有效地改善工业绩效，并且在精益生产体系定义的主要目标上实现几何级增长。例如推动安全、质量、交期和成本等指标持续优化。从精益生产到超级制造的过程如图2所示。

但正如我们在第一章所述，精益生产需要改造。我们必须基于数字化目标重新审视丰田生产系统，使之与新技术和新思想相融合，从而建立适应第四次工业革命的新系统。新系统是传统生产系统的升级版本，我们可以称之为电子生产系统。它部分源于丰田生产系统，但与精益生产相比，其系统核心 **[持续改善（Kaizen）]**、系统顶层（目标）、系统底座（基础）以及系统支柱（指导原则）都有明显改进。

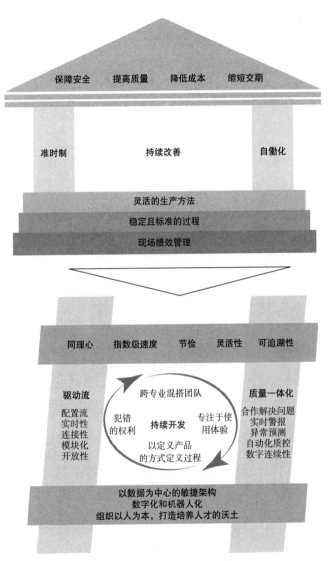

图 2　从精益生产到超级制造的过程

在下文中，我们将详细介绍新生产系统的各个组成部分，并对比精益生产系统，指出超级制造延续的理念、改进的方面以及颠覆的内容。超级制造体系（如图3所示）成"井"字形，由五个重要内容组成：一、超级制造之目标（系统顶层）；二、超级制造之核心（持续开发）；三、驱动流（左支柱）；四、质量一体化（右支柱）；五、超级制造之基础。

30

图3　超级制造体系

原则一 超级制造之目标：超越"以客户为中心"

和丰田生产系统一样，超级制造体系也有自己的系统顶层——组织模式目标。但与精益生产的目标（保障安全、提高质量、降低成本、缩短交期）相比，超级制造的目标更加广泛。这种变化的原因在于随着社会的发展，人们对工业的期望也在提高，工业已经成为高度"政治化"的产业。超越"以客户为中心"——超级制造之目标如图4所示。

同理心	指数级速度	节俭	灵活性	可追溯性

图4 超越"以客户为中心"——超级制造之目标

一方面，工业国家外围边缘地区①的荒废导致新的社会示威活动发生，如法国"空旷对角线"（diagonale du vide）地区被视为"黄背心"运动的发源地和推进地。这类地区工业密度低，缺乏创收和社会活动，导致人们收入水平急剧下降，社会问题突出。在这类地区，工业能够拉动服务业和基础设施投资，带来间接经济效益，因此工业企业不仅是直接"雇主"，还是参与经济活动的关键角色。

而另一方面，工厂，尤其是靠近城市的工厂，也是问题制造者，导致污染风险、废物排放等问题。公众对这些问题的担忧或实际发生的事故容易引起集体抗议，如2019年，法国鲁昂民众因路博润（Lubrizol）化工厂火灾而游行示威。

最后，供应链的拓展，尤其是将生产分包至社会和环境法规薄弱或根本不存在的国家，也会引发争议，孟加拉国拉纳广场（Rana Plaza）事故便是一例。

因此，生产系统必须设法适应这些有时相互矛盾的要求。超级制造体系将通过五大目标（同理心、指数级速度、可追溯性、灵活性、节俭）而顺应时势。

---

① C. Guilluy, *La France périphérique*, Flammarion, 2014.

一 同理心

精益生产系统强调为客户增值，并竭尽所能削减冗繁事务，以在生产过程中的各个阶段为客户创造最大价值。超级制造体系依然强调上述内容，但实现的目标和方式不同。

一方面，工业企业不应视最终客户为唯一目标，还应特别关注内部团队，为现场工作人员创造最佳工作条件。价值的创造不仅依靠产品，还依靠生产过程给员工带来的良好体验。

另一方面，数字技术拉近了工业企业与客户之间的距离，也导致运营方式的改变。企业甚至可以利用数字技术与数十亿人连接，直接收集个性化数据。因此，企业应有同理心并借此契机，理解每一位潜在客户以及生产系统中每一位团队成员，从而为他们带来最优使用体验。

我们引入"使用体验"这一概念来衡量工业系统的同理心等级。通过与产品或使用过程连接，我们可以实时跟踪机器、工具或既定功能的"使用率"。数字巨头通常引入 **A/B 测试（A/B Testing）**完成此项操作。它们把新功能向 20% 的用户开放，并将其与其他未使用新功能的 80% 的用户做比较，从而检测"使用体验"是否改善。同样，当生产车间启用新工具时，新工具的使用率由内部用户的产品使用程度决定，无论用户是操作员，还是管理者，甚至是支撑部门。企业内部如此，企业外部更是如此，当在企业内部检测新工具使用率成为惯例后，工业企业自然而然会尝试对直接或最终客户进行类似检测。这场革命的直接受益者是设备供应部门，但其他部门也有机会借助协同工具所实现的反馈循环，对"使用体验"进行检测，并从中获益。

二 指数级速度

速度是否是目标？这是一个值得思考的问题。在精益生产系统中，速度显然是准时制所追求的目标。得益于精心设计的流程，"单件流"生产原则使每个阶段都能缩短周期，从而实现**通过时间**的最短化，但速度并非精益生产的首要目标。

超级制造是传统工业和数字世界的结合体，传统工业具有资本密集和壁垒较高的特点，而在数字世界，行业壁垒与技能、方法、收集和分析数据的能力有关。超级制造将汲取数字世界的部分"基因"。在超级制造时代，速度显然是最重要的目标。正所谓"赢者通吃"，谁能第一个针对某种需求提出切实可行的解决方案，谁就能赢得市场。提供给最终客户的数字服务通常是免费的，因此，在超级制造时代，企业获取新客户的成本比在传统工业营销模式下获取新客户的成本低很多。第一个吃螃蟹的人将具有决定性的优势，一旦客户熟悉某个强大的解决方案，他们便没有动力再去尝试另一个。此外，先行者还能积累数据，并以此为基础对方案进行改进和升级，最终做到无可取代。谷歌和爱彼迎均是如此。而亚马逊还可以利用在线平台积累的客户数据，在限定的地理范围内开设实体店，提供高度匹配该地客源的产品。简言之，在新的数字世界，速度原则不是"最好遵循"的原则，而是"必须遵循"的原则。因为先行一步意味着先行者开启良性循环，并能围绕某个既定方案形成垄断优势。

数字世界遵循指数规律。企业应抛弃逐步推广的传统思想，一旦产品的概念得到验证，企业就应迅速抢占市场，增加销量。最近较具启发性的商业案例是法国 Lime 电动滑板车品牌，其创始人仅在几条街道完成测试后，便立即于短时间内在巴黎各个街道投放了 15000 辆电动滑板车。之后，该项目又被迅速推广至其他城市。这种新的出行方式在实用性上遭受一定质疑，但其推广速度与数字企业的运作模式基本无异。工业企业也可以从这种快速推广模式中得到启示。特斯拉公司在一年内在中国建立了一个新的超级工厂，其经验迅速被应用于特斯拉公司的德国工厂。线性部署时代已然结束，指数级速度成为目标，而该目标必须在工业项目启动之初就确定下来。

三　可追溯性

用户了解所消费产品的来源可能是 21 世纪最具有标志性的革命之一。在 100 多年里，我们已从一个以消费本地产品为主的时代过渡到一个有章鱼式供应链的疯狂全球化时代。传统工业强国通过全球化节约成本，而其他国家则通过全球化发展工业。价格的下降使消费者获益，并进一步刺激消费。全球化有进步的一面，但也引发了越来越严重的问题：过渡运输和不可持续产品的使用导致环境恶化；工业和经济发展极度不平衡，从而引发严重的社会经济问题，进而导致产品生产环境十分恶

37　劣。数字技术使这些外部负面因素加速曝光在公众面前。

以巧克力生产为例。可可豆盛产于非洲或中美洲，辗转数千公里，被运送到美国、欧洲或亚洲并被加工。可可树种植造成大面积森林被砍伐，加剧了温室效应。部分加工厂位于富裕国家，但因为产品易于保存，也有部分企业选择在低成本国家设厂。可可生产链初端以小型生产者为主，他们的可可树数量少，面对世界农业食品行业的巨头，毫无议价能力。此外，这些小型生产者的工作条件差，收益率低，家庭作坊式生产常见，这些生产者甚至要求孩子参与工作。因此，即便非常喜欢巧克力，客户还是会因这些问题而批评整个行业。在数字时代之前，除去偶尔的报道、调查或非政府组织的披露，公众对这类信息了解甚少。但是今天，社交媒体使此类信息轻易传遍全球。人们可以直接通过**尤卡（Yuka）**等手机应用程序，扫描货架上的食品，以查明其成分并评估其是否健康。未来，同类型的应用程序将使工业生产和加工过程变得更加透明。在这个日新月异的时代，消费者对制造商透明度的要求越来越高，且总能够轻易获取实现这一目标的技

术手段。企业如不能满足消费者对产品透明度的要求，必将逐渐
被市场淘汰。总之，对每个产品以及价值链中每个子件或组件进
行跟踪是超级制造至关重要的目标。

38

四 灵活性

工业对灵活性的需求一直存在。精益生产原则最大的挑战之
一便是解决无稳（Mura）① 问题。自 20 世纪 50 年代以来，消费
者对产品的需求逐渐多样化，每个人都希望与众不同。得益于市
场营销，工业企业通过市场细分，使顾客需求得到越来越有效的
满足。因此，企业应有能力生产小批量产品，同时最大限度减少
生产总时间，使客户的等待周期②缩短。

伴随数字巨头的到来，两种情况出现：客户不再满足于与
众不同的产品，更需要定制产品，甚至希望产品能够通过互联
网，在整个生命周期内持续升级；此外，客户希望企业利用类
似于亚马逊的物流系统，将收货时间从一周缩短至一天，甚至
一小时。这类需求涉及所有制造业。面对这两种情况，工业不
能再生搬硬套 20 世纪的主导原则，生产系统必须更灵活。好消
息是，数字技术既创造了需求，如缩短交期和将个性定制发展

---

① 无稳（Mura）是指精益生产定义的一种不均衡、不规律化现象。——译者注
② 等待周期是决定购买行为的又一重要指标。

到极致，也提供了解决之道，如生产多种新产品、灵活的流程
和敏捷的组织。

五 节俭

精益生产有与传统农业生产的相似性：勤俭节约，避免浪
费。工厂需限制库存量，做好基础工作，从而提高员工工作效
率，避免非必要的移动、停工、返工等。企业的最终目标是集
中精力为客户创造附加值：在相同的工作量下，如何把更多的
时间用于完成客户愿意给予报酬的工作上？今天，节俭理念依
然没有过时。

但面对新需求，目前企业的努力还远远不够。对于团队、客
户乃至整个生态系统，两个新愿景亟待整合。其一，做到可持续
生产，使环境保护行为贯穿整个生产链；其二，创造舒适的工作
环境，使每个人都能在工作中得以充分发展。

关于第一个新愿景，工业企业不能仅满足于节约时间，还应
减少材料和能源的损耗。此外，工业企业还需重新定义产品和过
程，从产品设计之初至生产周期的结束，考虑使用可回收材料，
限制工厂之间不必要的运输。因此，节俭作为一种企业理念，尤
其强调在资源有限的世界中消耗更少。

节俭带来简素，工业场所的布置也应该体现这一点。就像日
本无印良品的理念一样，"少即是多"，至简能够通向一种审美

上的普遍性，使每个人的思想得以整合，并给人带来一种理性的满足感，而这又与极度理性的制造过程有关。节省下来的资源可以用于改善工作环境，如营造美观实用的工厂，提供干净、舒适、怡人的生活空间，装备易用的现代化数字工具。因此，即便看似有违常理，但节俭与舒适相辅相成。而成功者的经验足以证明这一点，如赛威传动（Sew Usocome）、玛氏公司，其工厂成功地将舒适的生活和工作环境与高效的现场管理模式结合在一起。从精益生产到超级制造：目标，如图 5 所示。　　40

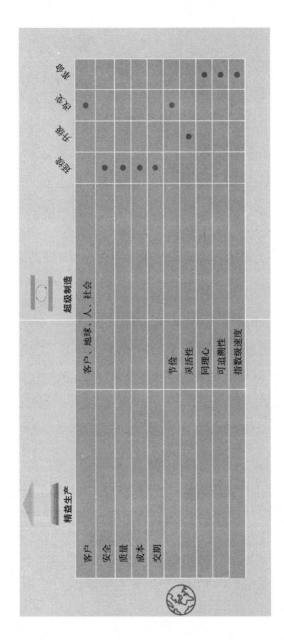

图 5　从精益生产到超级制造：目标

原则二 超级制造之核心：持续开发

精益生产的核心是持续改善。持续改善要求每位员工肩负日常工作与持续改善的双重任务，从而为改进组织系统持续输出动力。精益生产的哲学以信任为基石，在一线工作的人懂得如何有效推进工作。此外，团队力量大于个人力量。超级制造赋予"持续改善"这一概念更广泛的含义：在持续改善的同时，把被证实行之有效的数字开发方法移植到工业领域，对工业"数字产品"或解决方案进行"持续开发"。实现持续开发的前提是，坚持以"使用体验"为中心，升级减少浪费的思维方式，组建现场运营与数字化相结合的跨专业混搭团队。持续开发——超级制造之核心如图6所示。

图6 持续开发——超级制造之核心

一　以定义产品的方式定义过程

在 GAFAM 的推动下，数字产品开发体系逐渐形成。工业持续开发以数字开发体系为基础，并进行了适当工业适配。绩效表、绩效指标、订单、技能矩阵图、库存追溯表、关键参数关联算法等都可以成为工业的"数字产品"。

用户体验与快速失败：服务于工厂的体验设计

随着数字技术的发展，用户体验越来越受重视，而设计也变得日趋重要。重视用户体验意味着企业高度关注用户对产品的使用情况。但项目经理、设计师和开发人员常常忽略很多信息，因为他们并非最终用户。因此，企业必须有同理心，以倾听者的角色理解用户，抛弃先入为主的判断或干预，以避免得出错误的结论。在对用户进行初步调查研究的基础上，方案设计人员通过用户可靠的身份特征（姓名、年龄、经历等）来创建用户画像，即不同目标用户的典型代表。随后，方案设计人员基于用户画像描绘出用户历程和使用场景，设计出不同的产品功能或界面。与用户画像对应的各类用户将对这些功能或界面进行测试，并提供直观的反馈和故障结果。这一过程将以迭代的方式进行，以持续开发功能和体验。

44

要在工业界推行这一方法，工作人员要深入一线，了解现场情况，从而提出问题并找到最有价值的解决方案。创建用户画像和执行迭代法是整个过程顺利开展的必要基础。因为工作人员很难一次性提出完美的解决方案，而企业通过快速执行方案能够利用项目可以调动的力量，迅速发现和纠正问题。这一过程类似于测试与学习（test & learn）或快速失败（fast fail）机制，其核心在于在短时间内为客户开发出量身定制的全新产品。

快速原型法①与持续改善法②类似。作为精益生产的原则之一，持续改善的关键在于企业快速开发原型方案，并联合相关操作员一同对生产站进行快速改造。例如，初创企业 Fabriq 为开发绩效管理的数字化方案，共执行了六次迭代方案。每一次迭代耗费两周，十二周后，最终方案在十家工厂推广，被证明具有较高的可靠性。工业产品开发常采用传统 V 模型，强调计划和有序。而我们认为，需尽快（几天最多几周）设计一个可以使用的最终方案，而且可以在实施过程中远程改进方案。企业可以利用数字化的巨大优势，对已经实施的解决方案进行快速诊断，判断其各类功能是否有效，而且可以在实施的过程中远程改进方案。

---

① 快速原型法是一种以计算机为基础的系统开发方法。它首先构造一个功能简单的原型系统，然后通过对原型系统逐步改进，以得到最终软件系统。——译者注

② 持续改善法是一种质量管理方法，指每日持续的小步伐改进。持续改善法推动每位员工思考其工作方式并就此提出改进建议，它依然是精益生产的概念。——译者注

亲力亲为

只有亲力亲为，企业才能真正以开发产品的方式开发过程。20 世纪 90 年代至 21 世纪初期，物流和产品变得日趋复杂。为应对这种状况，多数大型企业建立了稳定且严格的过程体系，体系中的各部门具有较高的专业要求，从而导致"全能型"管理者的出现。他们掌握不同部门的基础专业语言，能够理解超越部门"孤岛"的决策。对企业管理而言，这类跨行业技能更具"战略性"，因此比专业技能更受欢迎。

但随着数字技术的到来，企业过去建立的庞大组织系统日显脆弱并逐步崩塌。因为管理者如不能亲力亲为，将无法管理多学科背景团队。来自初创企业界的精神——"领导者即行动者"推动组织"横向"发展，并对关键职能部门偏离"业务"具有一定的限制作用。亚马逊要求管理者学习**结构化查询语言（SQL）**以直接从系统中获取信息，而不必等年轻的商业智能专家提供报告。同样，在工厂内，众人眼中魅力超凡的领导者必定有能力就细节问题向技术团队发起挑战。管理者仅给出大体方向或优先次序是远远不够的，还需详细了解团队面临的主要问题的根源。马斯克认为，劣质产品代表劣质组织。我们同样可以说，劣质过程是管理者没有亲力亲为的体现。

45

学习

除管理外，数字化转型的关键价值还在于提高学习知识和运用知识的速度。精益生产已经证明，提高运用知识的速度能够确保过程改进的连续性。根据精益生产原则，企业通过问题解决会议，更改参数或标准，使临时方案正式化，从而将所学知识转化为某种形式的实际应用。

在这个日新月异的数字时代，我们没有理由错过任何学习机会，学习并利用新知识应该成为一种习惯。当整个系统（包括软件系统和硬件系统）不及时更新时，未来可能产生遗留问题。信息技术专家将这一现象称为"技术债务"。众所周知，随着电子技术和计算机语言的发展以及**堆栈式开发人员**的增加，如果企业不采取任何更新措施，每半年的技术债务将增加15%～20%。

随着制造工具的数字化，技术债务快速积累现象将长期威胁工业系统。因此，我们必须加快学习和运用新知识的速度。当然，创新和学习的另一面是冒险，冒险意味着犯错，但善学者必须拥有犯错的权利。因此，我们只有真正转变思想，才能彻底提高学习和运用新知识的速度。

从局部到整体

工厂在数字化转型的过程中，可能面临耗费大量时间却没有明显进步的困境。管理部门为未来投下巨资，却没有获得所期望的回报，好像陷入"**概念验证（POC）之困境**"。

　　事实上，这种问题属于工业信息系统的遗留问题。20 世纪 80 年代以来，从新产品开发到实际订单的接收，再到现场生产指令的执行，整个物料流和信息流变得极度复杂。企业欲简化流程，使其更自动化和安全，但可靠稳定是工业信息系统设计的第一原则。灵活似乎天然与这类系统的复杂使命互相矛盾。但是，面对数字巨头的冲击，工业界开始行动，并希望提高生产率。而被供上神坛的旧"**系统**"则成了工业自我限制的枷锁。受制于复杂的系统，管理层更倾向于鼓励现场工作人员局部实施优化方案。即便成功，方案也只能限于局部。其原因是，这些方案脱离整体，具有局限性，无法接入整个系统框架。此外，传统企业的信息部门与运营部门或多或少存在沟通不畅的问题，进一步导致局部优化方案无法上升至更高级别。

　　信息部门重点关注复杂的信息构架，并长期与"超级卖家"（如思爱普有限公司、甲骨文公司）保持联系，依赖这些产品价格高但可靠的供应商，以确保整体运营的连续性。但由于工厂缺乏使信息系统变得灵活的基础，这体现为没有联网、无网络安全和没有**单点登录（SSO）**，信息部门失去了为运营带来价值的兴趣，也失去了激发现场团队创造价值的机会。

47

而运营部门的工作重心则是努力提高生产率。三十多年来，

48　它们坚信信息系统的"神圣性"，不敢挑战其结构，甚至从未想过查看数十亿系统数据，尽管这些数据的生成依赖整个工业过程及自身团队的日常工作。

　　害怕破坏系统的稳定性，缺乏系统数据的使用权，担心背叛遵守了三十多年的"旧契约"，未真正重视"业务"和产品使用体验，担心员工使用新工具而不认真工作，对改变创造价值的方法缺乏信心……这些是企业停滞不前的原因。概念验证得不到积极推广，甚至被迫中止。

　　为避免此类问题，企业需从一开始就引入"使用"连续性的思想，以一种全新且标准的方式将现场方案视为一个能收集数据并能对数据进行逻辑建构的整体，而不是一个独立的模块。因此，在一个暂未成熟的工业系统中，一旦某个新标准得以建立，最好的方法是从一开始便将这个新标准导入生产系统的初步基础，即自下而上，系统地引导完整生产系统的逐步建立。例如工厂分散各地且用相似机器进行加工，当团队定义了第一个批量变更的标准时，需立即考虑标准的正式化以及与其他工厂共享的可能性。为使用数字工具，企业需采用同样的方法，一旦数字工具的实用性得以验证，企业便要从一开始就考虑数据的存储方式和存储位置，以及所有与此数据有关的管理

49　问题。关于连接，企业有两种选择：一是与现有架构内的系统

连接；二是确定新生成数据的优先地位，建立数据的服务管理系统，为未来**数据湖（Data Lake）**的建设奠定初步基础。

第一个选项的优点是，企业能够快速与现有内容相连，且几乎不会破坏信息部门的现有架构。但其缺点是，一方面，连接到现有系统的过程本身很复杂；另一方面，不会引发信息系统结构的深度转变。但是，正如创建批量变更标准是建立新型生产系统的良机，企业可以借助数字解决方案，对旧信息系统进行检查，或直接建立全新的架构。

二　提升使用体验，减少浪费：超级制造的八大障碍

精益生产强调减少不能为客户创造附加值的事项，并视这些事项为浪费。超级制造引入"使用"这一概念，将上述精益生产方法推向新的高度：企业的客户不再只是购买产品的传统客户，还包括使用工厂工具的生产操作员、各类供应商，甚至是越来越关注工厂活动的普通市民，因为工厂会对附近的生态系统产生正面或负面的外延影响，如就业、间接服务、水资源、排污、碳排放等（参见上文"同理心"）。因此，工厂力求最大限度为其内部或外部"客户"创造更多的使用价值，同时尽可能减少碳足迹。在这种新背景下，浪费这一概念依然非常适合描述创造价值的障碍。但精益生产理论提出的八大浪费需添上21世纪的新色彩。超级制造的八大障碍如图7所示。

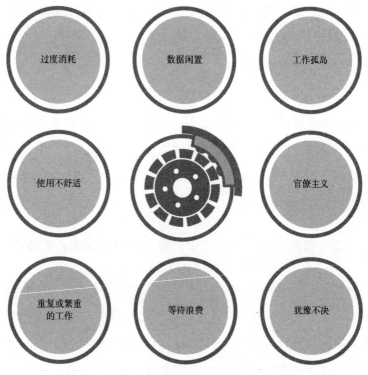

图7　超级制造的八大障碍

我们可以将超级制造的八大障碍分为两类：第一类为显性浪费，即现场可以直接看到的浪费；第二类为隐性浪费，即现场不易察觉，但能直观感受其后果的浪费。

显性浪费

检查工厂生产链时，四种浪费情况最为突出：过度消耗

（过度消耗材料、能源、备件等）、等待浪费（不当使用人员、机器、产品）、重复或繁重的工作、官僚主义（体现为使用纸质文件、发布无用的报告）。

51

过度消耗

过度消耗的检测可以通过评估过量库存（原材料、在制品、成品的过量库存）、查看废弃物或包装物、检查泄漏（气体、水或油料的过度消耗）或研究生产过程中每个阶段的能源消耗等方式完成。例如，在制品的价值根据行业和销售周期而变化，而企业要对过量库存进行测算，需对在制品和生产过程的附加值进行比较。通常，流动效率（增值时间除以通过车间的总时间）的平均值约为1%，最成熟的生产系统可以达到30%（例如司米集团的生产系统）。这里强调的不是绝对值，而是预设一条进步幅度明显的曲线。关于能源，企业应先测量总体能耗，然后逐车间、逐机器测量，从而有针对性地解决问题。最后，对于废弃物和泄漏的检查，企业可以采用**全员生产性维护方法（TPM）**推荐的五大原则。无论如何，企业需充分调动每一位员工的积极性，使团队每天有计划地查找过度消耗。

由于人们意识到资源的有限性，原本只涉及经济问题的过度消耗已经上升为道德问题。

等待浪费

等待可能是最显而易见的浪费。在任何一家工厂，我们都能

52　看到停工的机器、积压的产品和空闲的员工。

　　设备等待的原因有许多，如无效的计划、不恰当的批量修改、故障、人员缺勤等。衡量机器效率的关键指标是**设备综合效率（OEE）**，检测员实时查看所有抽样设备的运行情况，分别记录有效利用和停机设备的数量。停机设备的比率通常为 5% ~ 70%。次要生产设备的设备能力与工作负荷之间的平衡可能占等待时间的一定比例（5% ~ 10%）。但大部分等待时间与其他损失有关，如设备故障、设备质量不佳、微停机、设备批量修改、设备定期维护等。这些损失可以通过精益管理体系或数字化方法来解决。

　　设备并非生产过程中唯一造成等待浪费的因素，材料、进行中的工作、人员等都造成了一定的等待浪费。现场操作员等待工具、零部件或信息，而等待又会引起团队成员之间多余的讨论。计算等待对人员造成影响的最佳方法是，定期抽样调查团队的工作情况：员工是否正为最终客户创造价值？除了等待某事或某人以外，他们是否做了其他工作？等待以及相关的讨论可能占用了工作时间的 5% ~ 25%，具体比例取决于不同行业。等待是一种典型的浪费，在一个凡事都需加速的"超级"环境里，等待浪费是不被容许的。

重复或繁重的工作

　　相较而言，重复或繁重的工作可能较难识别。最好的办

53　法是企业在一定周期内集中观察某一项工作，如果这项工作

涉及重复相同的手势，则可以考虑对其进行自动化升级。有的工作在执行过程中需要人类多种感官的结合，如在移动部件上执行操作，这类任务对于机器来说过于复杂。但总体而言，根据我们对制造业工厂的观察，当前依然有10%～30%的任务可以在未来实现自动化，具体比例视行业或流程不同而有所变化。

繁重的工作可能危害操作员的健康，这类工作可以通过基本的观察识别出来，如多长时间搬运一件重物？搬运物件的平均重量是多少？员工是否经常需要抬高双手以完成操作？他们在工作台上是否必须经常转动身体？他们是否需要弯腰、爬台阶、手掌用力向前推？相关分析需要借助人机工程学的专业知识，但团队也可以快速帮助公司识别出部分经常执行的繁重工作：引导员工主动关注并识别繁重工作，并带动关于这类浪费的有效讨论。

对于超级制造体系，重复或繁重的工作是一种影响深远的有害浪费，因为它会影响工业企业的吸引力，而吸引力是工业企业成功的首要因素。

官僚主义

官僚主义是一种反精益概念，意味着企业严格遵守刻板规定，执行没有任何附加价值的任务。然而，最初以纸质文件为媒介的正式化过程是符合精益生产理念的。企业内部应就（**工作**）**标准**进

54 行沟通并达成一致，然后使标准正式化，从而使持续改善成为可能。

但随着组织日益复杂，**国际标准化组织（ISO）**认证越来越频繁，"企业家精神"有时反而变成了束缚。我们只需在生产车间随意走动两分钟，便可观察到摆放在各办公桌或工作站上的大量纸质文件。企业在有充足理由的情况下才会发布纸质文件。企业列出堆积如山的纸质检查清单是为了避免风险，但这往往造成整体效率的降低和对生态环境的破坏。管理者在行政事务上平均需要花费5%～20%的时间，现场工作人员在"文书工作"上也要花费5%～20%的时间，即便是支撑职能部门也无法幸免，其工作人员不仅要填写纸质文件，还要经常花时间在电子表格或即将淘汰的应用程序上输入或上传信息。随处可见的记录表，如员工考勤记录表和零部件物流记录表，便是问题严重程度的直接反映。当我们关注某一个流程时，可能不会注意这类重复工作，但如果从头至尾检查整个流程，便会发现重复输入五次相同数据的情况并不罕见。

官僚主义是超级制造体系中最严重的浪费之一，它与"快速失败"的理念（积极主动、冒险精神）截然相反，并严重阻碍了决策。

隐性浪费

有些浪费是现场无法直接观察到的，因此企业有必要与员工

沟通，对信息流进行梳理，从而了解并识别隐性浪费。隐性浪费
包括犹豫不决、工作孤岛、使用不舒适、数据闲置。　　　　　55

犹豫不决

犹豫不决是雷厉风行的致命敌人。通过了解初创公司建立的
方法，我们知道，对于一家快速成长和学习的公司，行动果断必
须是其"基因"的一部分，而快速决策是行动果断的前提。例如
法国 JPB 系统（一家迅速成长的航空企业）总经理曾表示，公司决
策批复时间永远不超过一天（通常在实际工作中不超过一个小时）。

犹豫不决虽是一种不易察觉的浪费，但总是有迹可循的。如
在生产车间，最典型的例子是"质量监狱"，该区域用于存放有
缺陷、待返工的产品。我们通过快速比较缺陷产生日期和决定批
复日期，可以得出企业决策速度指标。另外，参加项目绩效会或
跟踪会，有助于了解企业在相关事项上处理的效果与速度。管理
者应仔细听取他人观点，了解会议相关议题、矛盾或压力的根
源，直到会议达成具体决策并且项目负责人和项目期限被明确，
然后记录与具体决策密切相关的行动或讨论所占的比重。由于组
织问题，如会议议程不明确、未指定关键决策领导、议程执行能
力不足、行动或决策无法正式化、与会者准备不足，会议的有效
增值时间很容易降至 20% 以下，最终导致犹豫不决。

犹豫不决不仅影响决策，而且导致员工情绪低落、缺乏动
力。因此，消除犹豫不决是企业的一项长期任务。　　　　　56

工作孤岛

工作孤岛现象无法通过简单视察工厂来识别，这一点和犹豫不决类似。二十多年来，随着专业分工越来越细，组织分裂的情况也愈演愈烈，并带来灾难性后果，如责任意识淡薄、决策缓慢、员工丧失士气、时间浪费在内部沟通上、关注重点偏离最终客户。

如何评估组织是否有能力避免工作孤岛现象？方法有三种。第一种方法是观察团队日常工作情况，即员工是否善于互帮互助，不同区域或部门之间的工作量是否达到平衡，在孤立现象过于严重的组织内，信任和协作会迅速消失。第二种方法是观察员工个人行为。在超级制造体系内，员工没有专门的办公室，他们共享同一片办公区域，在同一个食堂进餐，不会穿着形形色色表示不同工种的工作服，能够并肩与其他部门或级别的同事共同工作。所谓"蓝领"与"白领"之分已经过时了。例如，某家大型农业食品公司的总经理曾向我们透露，他会定期与设备调整工一起用餐。第三种方法是通过检查组织结构图和团队目标，发现工作孤岛现象。"超级"组织具有扁平化特点，有利于推动快速决策。管理者随机选择一名现场团队负责人，然后通过组织结构图，查看该人与办公室其他员工之间的级别差，从而对级别距离做出评估。看似简单的表象，却是一个衡量组织内部工作孤岛现象的理想指标。

工作孤岛是整个组织灵活、平稳、快速运行的主要障碍之

57

一，因此企业必须高度重视它，并坚持与之长期斗争。

使用不舒适

在很多人看来，使用不舒适只是一种身心感受，而不是可衡量的指标，因此长期被管理层忽视。对于持"人皆自私"观点的管理者来说，使用不舒适甚至是一种必要或应该达到的目标。因为传统观念认为，工厂本质上就是艰苦工作的代名词，为操作员配置使用舒适的工具可能适得其反：员工会不会拿着用于工作的智能手机玩游戏？于是，私人工具逐渐比公司工具更加高效和友好，而人们在工作时使用私人手机的情况并不少见。随着新一代年轻人参加工作，这一现象逐渐成为隐藏的"定时炸弹"。对于许多年轻人来说，一家充斥着落后设备的公司并无任何让人向往之处。

有两种相互对立却互补的方法可以用来判断计算机界面或工业工作站的舒适度。第一种方法是先观察工作环境，然后询问使用者可改进之处。第二种方法是忽略已有的工作站或系统，集中研究重要的用户参数，怀着为用户带来"惊喜"的初衷，"从零开始"重塑一切。应用程序的设计专家为定义工具的舒适性提供了重要思路：使用"触发机制"（如通知服务），生成"动作"（如点赞），吸引"可变奖励"（如提高获赞数或粉丝数）[1]。总而言

58

---

[1]　N. Eyal avec R. Hoover, *Hooked：comment créer un produit ou un service qui ancre des habitudes*, Eyrolles, 2018.

之，这是一门适用于所有产品的科学。操作工具使用不舒适会导致员工不满，使求职者对企业敬而远之。

数据闲置

数据是创造价值的新来源，因此管理者有必要密切关注数据的闲置情况。如今，工业机器人每天可以生成数太字节（TB）大小的数据，同时不断叠加的信息层使工厂所拥有的数据变得日益庞大。这还不包括广泛使用的 Excel 文件，以及团队交接班时传达的多种口头信息。而由于缺乏良好的数据收集系统，整体数据的汇总工作变得异常艰难。信息系统遗留问题和信息层堆叠也导致部分数据被"禁锢"，无法被现场团队访问。

当然，不是所有的数据都有利于持续改善。专注于大数据行业的 Dataswati 公司估计，只有 30% ~ 40% 的数据可以真正用于过程改善。但不幸的是，现场工作团队很难判断哪些数据有用，再加上缺乏数据并不妨碍正常工作，因此，工厂也不会耗费多余精力去解决数据闲置问题。

但企业有必要提前开展培训，使团队成员了解数据的重要性，熟悉数据收集和使用的方法。例如，通过培训，团队会在流程的每一个阶段，针对数据的每一次使用情况，详细查看信息流，了解数据的收集、存储和使用过程中遇到的困难。通常情况下，企业会保留大量数据，但只有少数数据被正式化，且

有的数据存储方式不利于数据使用。最后，企业需加大对数据
治理的重视力度。质量、成本、交期等指标已经融入成熟工厂
的每个管理节点，而数据治理也应该上升至这一级别。

21 世纪，数据闲置是系统反常的征兆，其危害程度甚至可
与闲置新购设备相当。

三　跨专业混搭团队

超级制造持续开发的核心是团队。与精益生产的团队相比，
超级制造团队的组成结构和技能有诸多不同之处。

电子黑带：产品经理/设计师/程序员

只有少数企业能够在不改变团队结构的情况下成功建立可
延续的持续改善文化，大部分企业在精益生产的转型过程中，
不得不引进专业人才，如转型代理人、六西格玛黑带、持续改
善项目经理等。岗位名称可能有所不同，但岗位职责均为尽可
能推动工作现场完成精益转型。企业必须将团队工资总额的
1% 投入专业技能的引进工作，这一点几乎成为业界共识。企业
要转向超级制造，依然需要在专业技能上加大投入。不过，随
着数字技术的发展，转型成功所需的基本技能已发生巨大
改变。

精益生产转型专员通常具备丰富的现场经验，拥有较高职位

和一定的公信力，以带领团队走向转型之路。他们接触的专业团队主要涉及工业方法、质量等。与精益生产转型相比，企业向超级制造转型还需要员工具有三种额外技能：数字产品开发、设计、编码。如果核心团队缺乏这些技能，企业也可请其他业务团队提供帮助。

在理想情况下，转型专员需具有"精益"和数字产品开发的双重技能。我们把这类拥有混合技能的人员称为产品经理（product manager），他们不仅了解现场问题，还能从概念验证一开始就思考"产品应用"的连续性——如何将"产品"整合到现有的信息架构？应该设计何种类型的数据结构？如何储存数据？产品经理经常在信息系统和现场工具两点之间来回忙碌，其工作重心不是各类细则、规范的编制，而是客户及其使用体验。

设计师把专业知识带入"产品"定义的初步阶段，对用户需求和期待进行初步研究，建立用户画像，并基于对用户主要需求的识别，创建"产品"初始功能。

最后，程序员负责完成数字原型，即基于低代码（low code）① 的初代版本，其成本不高且易于修改。

---

① 基于 SQL 和免费应用的简单编程语言，是一种能够快速开发产品初代版本的方法。

信息部门能否和持续改善部门的运营团队相互融合是跨专业混搭团队建立的重要前提。为此，企业可对组织进行调整，或开展联合培训，推动信息部门和运营部门的融合。少数企业，如米其林集团或通用电气公司，已成功创建了电子黑带中心。而在大多数情况下，跨专业混搭团队是在工作中逐步形成的。

转型架构师

在精益转型过程中，许多企业组建了一个具备多重功能的专业部门。该部门负责牵头计划的实施，定义生产系统，预估计划实施带来的收益，从而确保各生产单位转型的持续性。因此，转型架构师这一职位随之诞生。转型架构师负责转型的统筹管理，有利于确保整体的一致性和合适的资源水平，使转型与企业战略紧密联系在一起。

企业向超级制造转型过程中，架构师依然发挥重要作用。他们必备的新技能包括构建信息系统架构，善于整理数据。部分领先企业已经设置了系统架构师或数据架构师岗位。企业向超级制造转型的关键在于，吸收这类人才，让他们参与项目，以确保现场计划与信息系统结构的一致性。企业如果缺乏这类人才，则有必要逐步培训信息管理人员，使其有机会成长为产品经理，并学会建立符合运营需求的信息架构。在过渡阶段，如有需要，企业也可以向外界寻求帮助。

数字治理

质量管理为我们了解数字治理提供了理想参照。现在，质量已成为工厂绩效管理的关键指标。三十年前，由于最终用户对产品规格和使用寿命的要求越来越高，质量问题也变得越来越突出。最初，质量仅涉及标准符合性问题，企业必须遵守 ISO 标准，才能达到重要招标的资质要求。那时，质量控制由少数专业人士负责，其他人也未曾想过闯入"专业标准"或"ISO 标准"这座被专业人士守护的"质量神殿"。之后，产品质量和过程质量专业人才出现，他们负责制订监控计划，确保质控标准化，识别问题的症结，寻找解决问题的正确方法。最后，生产部门意识到，管理绩效的过程中仅考虑数量、成本和交期是完全不够的，质量成为生产的基本指标之一。现在，即便是微型工厂，也拥有专业质量团队，能够尽可能接近生产现场，对质量指标进行实时监控。质量也成为工业企业"基因"的一部分。各企业、工业系统的每一层级，上至总经理，下至生产操作员，都参与质量改进工作。

如今，数字治理也将和质量管理一样，逐渐成为工厂管理的重要指标。大多数企业已配备负责 ERP 系统的专业团队，但还有一点需要改变，即把数据管理权交给现场团队。数据业务不再是信息部门的专属业务，运营部门也需做好数字治理工作，包括定义数据、确保数据质量和稳定以及利用数据在自己的边界内创造价值。企业各层级、各团队均具备相关数据技能。每个层级都有自己管理数据的方式，但整体数据是一致且相关的。

当前，尽管企业仍将数字治理项目与其他项目区分开来，但正如当年质量管理由次要变成主要，数字治理也终将逐渐融入所有项目。因为每个项目都涉及数字化，而数字技能将是企业的核心技能。企业务必先行一步，对整体技能进行数字化提升。转型初期，企业可能需要组建专门团队，负责建立信息部门与运营部门之间的联系。随后，企业通过逐步迁移，使数字资源融入各生产单位中。在实现这一目标之前，许多领先企业在信息部门与运营部门之间搭建桥梁，设立首席工业数字官（Chief Digital Industry Officer，CDIO）一职，由他们负责推动转型，升级信息技术架构并使其更灵活，从而促进部门相关技能的提升。此外，他们还集中负责数字项目，包括运营的数字化转型项目以及纯粹的数字技术创新项目。64

商业案例

法国尚飞 （Somfy）： 在精益生产基础上持续开发

位于法国鲁米利的尚飞工厂以生产建筑智能电子产品为主。2014年，奥利维埃·马霍（Olivier Maho）接管工厂，他在集团内积累了丰富的工作经验，上任时便树立了明确的目标——产业协同。工厂最近被评为**"未来工业窗口"**，这是马霍最值得骄傲的地方，"我们仿佛赢得了世界杯，所有员工都非常自豪"。于管理者而言，胜利必然属于集体，数字技术的逐步到来使集体内每一位个体互相依赖。尚飞工厂的口号简单明了："勇于探索才是关键。"近年来，尚飞工厂一直发展顺利。最初，法国尚飞希望提供更符合市场需求的产品，并重点关注安全系列新产品。随后，新的市场需求很快推动生产设备大变革，工厂在效率和质量方面获得重大提升，并实现了组织上的升级。

"对浪费进行数字化毫无意义"： 精益生产仍是重要的根基

尚飞工厂首先应夯实精益生产的基础。马霍坚持认为，如果底层工作没有做好，如没有减少浪费、提高生产过程灵活性，则无异于耗费精力"对浪费进行数字化"。在这种情况下，数字化实践毫无必要。马霍指定了一位持续改善负责人，并采取了一系列措施：先进行纸质化测试，测试成功且每个人都充分发表意见后，再开始数字化测试。此外，尚飞工厂应明确转型范围，"为了让现场工作人员参与其中，转型需从与他们真正息息相关的议题开始，然后尚飞再以小项目形式逐步实施转型"。因此，与涉及质量或维护的重大项目相比，尚飞工厂实行数字化转型计划更倾向于采用渐进主义。例如设备综合效率的提升，"以前，我们每天收集纸质文件，得到的信息总有一天的延迟，而现在，信息可以实时获取"。性能改善的结果是非常直观的：设备综合效率从82%提高至87%，性能开动率提高10%，不良率从0.07%降至0.04%。马霍表示："我们以事实说话，不感性论事。现在，一旦出现意外情况，支撑职能部门能够立即介入。"另外，法国尚飞的管理流程

65

也通过软件即服务等实现了数字化。2014年，尚飞工厂在精益转型后开启数字化之路，分别于2016年和2019年启动"智慧工厂"和"智能工厂"计划。为实现这两个新阶段目标，尚飞工厂建立生态系统，并构建数据体系以获取更大的提升。每一项新举措都能启发尚飞工厂对数据管理和存储的相关反思，使管理更具预见性，使该工厂变得更"智能"。

从实时性入手，逐步建立畅通无阻的流程

为建立"智慧工厂"，法国尚飞深度梳理了内部和外部流程以及整个供应链。团队决定将精力集中在互联上，"法国尚飞向市场提供智能互联产品，因此产品目录与互联工厂项目之间需实现全面的协调一致"。为了使这一举措具体化，尚飞工厂发起了从操作员到工程师的自下而上的讨论。建立畅通无阻流程的第一步是确保实时性，因此尚飞工厂要确保所有程序都能互联互通，即时响应，使工厂的节奏与市场需求相匹配。而持续对绩效进行数字化记录是重要的基础，因为与以往的纸质程序不同，整个管理层需要对工厂的真实运行情况做出实时反映。建立畅通无阻流程的第二步是产品的模块化，法国尚飞使流程与产品目录中的标准子装配件保持一致性。在此之前，该公司内部已做好前期工作，对产品本身进行了优化，对流程结构进行了检查，以便逐段界定生产线路以满足市场定制和标准周期的双重要求。这一策略使工厂可以利用模块变型实现大规模定制生产。生产线不再仅用于简单产品的制造，还能实现其他功能。建立畅通无阻流程的第三步是反思整个供应链，提高响应速度和产品质量，以推动整体的改善。而良好的连通性使下游问题能够即时反映给管理层。最后，与市场需求有关的流程需要开放，而与公司自身需求有关的流程也应如此。马霍说："工厂开发内部定制解决方案时，与外界有着紧密合作。

66

格勒诺布尔的一家小公司、圣艾蒂安的一家初创公司和里尔的一家初创公司分别协助我们设计了新的生产线，提升了设备综合效率，以及开展了数字化……"

持续开发： 至关重要的持续作战武器

"五年来，唯一不变的就是一直在变。"这句马霍多次重复的话总结了法国尚飞始终保持竞争力的原因。但成功的因素还有许多。

首先，公司要敢于尝试，允许犯错，在实践中学习。马霍认为，要建立这样的企业文化，管理者与员工必须建立相互信任的关系。此外，组织模式需有利于可持续发展，"我们选择了菊花链式工作模式"，其核心是生产、持续改善和信息技术。

其次，掌握正确的方法至关重要。整个转型是逐步、小范围进行的，一旦项目测试成功则尽快推广。工厂的设备综合效率项目便是如此。尚飞先在单个生产线上进行单一内容测试，如测试顺利，则在系统上添加质量控制等其他功能。测试成功后，尚飞便可将解决方案复制到其他生产线。用户参与也是成功的关键因素之一，用户能够帮助公司开发出拥有高质量用户体验的工具。马霍强调："保持简单化，不考虑技术，只考虑解决方案，这便是我们的行事准则。"最后且最重要的是，转型在很大程度上取决于领导者的个性和期望。马霍积极参与各种转型项目，"我喜欢自诩为极客，所以愿意在这方面投入大量时间"。

马霍认为，未来工厂的特点是无纸化、自动化、透明且开放。但人始终是关键，"我们必须相信团队，其次才是数字化转型和经济效益"。

从精益生产到超级制造：核心，如图 8 所示。

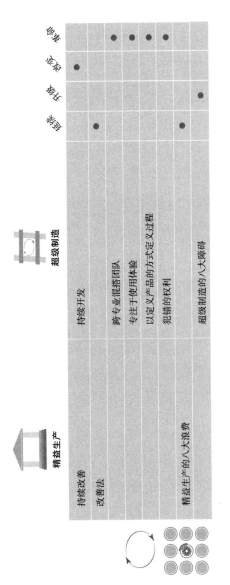

图 8　从精益生产到超级制造：核心

原则三　超级制造的第一支柱：驱动流

驱动流——超级制造的第一支柱如图9所示。驱动流是准时制的升级，也是超级制造的两大支柱之一。与其他超级制造原理一样，驱动流以部分精益生产原则为基础，如以客户需求为导向的拉动流原则为基础。另外，数字技术的发展赋予了驱动流新的意义。驱动流的五个工作方向包括开放性、模块化、连接性、实时性以及配置流。

图9　驱动流——超级制造的第一支柱

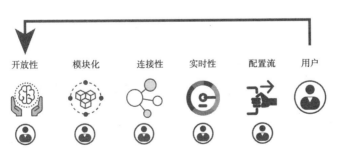

图10　驱动流

一　开放性

迈向驱动流的第一步是开放性。关于开放性，在探讨工厂内部情况之前，我们先从整体价值链出发，思考两个关键问题：如何使客户提前参与产品开发以及如何利用使用体验数据更好地了解这一批客户？如何简化下游物流流程并删除中间环节？

开放式产品开发与筹资

新产品开发的传统模式以企业自有资金为资金来源，投资周期较长。研发团队采用 V 模型开发流程，从定义符合市场预期的产品规格参数，到各专业团队分工执行任务，再到协调一致并打造最终产品的框架，整个过程持续几个月，甚至几年。这种模式依然是工业产品开发的主流模式，其原因是，这是一种开发复杂、一致、稳定且符合市场预期产品的可靠方法。

但是，数字经济有着截然不同的开发模式。敏捷开发模式比 V 模型更受欢迎，因为敏捷开发模式允许迭代，能够更快向市场推出**最小化可行产品（MVP）**。两种模式之间的差异首先体现在理念上，企业采用敏捷开发模式就必须放弃一次性制造"完美"产品的想法。此外，敏捷开发模式的成功还离不开新技术，在开放模式下，企业能够一边运行拥有互联功能的产品，一边改善它们。

72

同样，数字经济的筹资模式也与传统经济完全不同。和工业投资相比，专注于初创企业的风险投资有独特的风险文化。即便项目还未证明其具体赢利能力，但只要项目有潜力，依然能获得风险投资者的关注。所以这类投资一开始就带有赌注性质，且符合大数定律。数据表明，每十家初创企业中，有六家快速失败，三家最终赢利，还有一家实现指数级增长，其表现远好于市场平均水平。因此，这是一个选择数量而不是质量的问题。但是企业真的有选择吗？因为今天的客户已经习惯了由数字经济驱动的及时响应水平，所以企业必须加快所有产品的上市速度，以适应新情况。

话虽如此，但工业界能否借鉴这种投资和产品开发模式？要回答这一问题，要先了解初创企业筹资额远大于赢利的原因。初创企业的基本想法是，证明自己能够通过具体解决方案为用户创造使用价值。优步解决了传统出租车用户的四大"痛点"：找不到出租车、不知道车能否到且何时到、忍受驾驶员的情绪波动、无法用信用卡支付。这家加利福尼亚公司证明了可以通过解决这些难题来创造使用价值。此外，企业需表明其创造的使用价值能够为其带来指数级增长。最后，企业还需清晰描述出其未来定位，并找到盈利点。

因此，工业产品如果可以符合如下三个标准，则似乎可以回答上述问题：能够切实解决问题，可以满足既定需求，具备销售潜力和赢利能力。而难点在于企业如何证明产品的潜力。初创企业为了证明某个模式，因而快速在市场上投放产品。企业只能在产品开发成熟和发布后才能证明采用 V 模型开发的产品的潜力。因此，开发性意味着颠覆 V 模型。

颠覆开发模式的途径有两个，一个途径是将数字产品模式复制到实体产品上。埃隆·马斯克便是如此开发互联网汽车，他承诺为客户提供升级服务，能够在汽车整个生命周期内对其进行改进。因此，即使产品尚未充分发挥潜力，客户也愿意以高于同类汽车的价格为产品埋单。例如，选配了"自动驾驶"的客户如果将来购买新型自动驾驶车，能够享受厂商的保值回购服务。这种基于互联网化的方法只适用于部分产品，尤其是 B2C 市场，但 B2B 市场也应适当考虑这种模式的应用 [见下文溯高美（Socomec）商业案例]。

对于其他工业产品，颠覆开发模式的另一个途径是将驱动流应用于产品开发与筹资。精益生产的基本原则是，生产链的各个环节只有在直接客户发出订单时才启动。如果将这种方法移植到产品研发阶段，在最终客户发出订单的基础上，供应链中各个企业将通过订单为上一家企业提供资金。航空等供应链高度复杂的行业已经采用了这样的方法。航空公司对某个创新产品感兴趣并发起预购订单，供应商通过订单获得资金并投资新项目。这种模式不仅适用于复杂产品，还能以一种更灵活的方式存在于开放的

74

生态系统中。在中国深圳，机电供应商网络非常密集，工厂内不断涌现出新产品。例如，如果某家公司要开发一种新概念手机，这家公司不会采用周期较长的 V 模型在内部完成所有工作，而是与当地一家工厂建立临时合作伙伴关系，委托其生产 10000 台首批样机，并将其迅速投放市场。如果概念可行，这家公司则根据灵活且约束力较弱的合同对产品进行必要的多次改进。手机制造厂也对其分包商采取相同的策略。因此，伙伴关系是在意见交流过程中以"项目"形式建立的。合作企业不必围绕大批量产品做出复杂而僵化的部署安排。

但两种途径行之有效的前提是，客户对供应商遵守承诺与承担风险的能力有着充分的信心。同样，供应商有足够的信心为产品开发投入部分资金。这种买卖逻辑似乎与投资者的逻辑如出一辙，即客户与供应商一起在承诺的基础上进行投资。不过，一般的"交易"规模要比航空业的"大"客户或深圳工厂的交易规模小。而对于小批量生产项目，企业可以采用初创企业模式，勇于尝试并共同投资项目首轮产品。如果项目成功，合作企业可以再次协商并进行第二轮投资；如果项目失败，合作企业则启动其他项目。由于企业前期投入的资金比较合理，因此风险也是有限的。

无论是开发互联互通的产品，还是建立开放灵活的生态系统，两种模式的精髓皆为能够实现良性循环。周期短且开放的敏捷开发模式使测试版本在实际使用过程中产生的新数据能够被充分利用，也有利于客户长期获得使用价值。而在 V 模型中，产品功能一旦被定义便很难更改，产品的升级过程缓慢且总会有行动或信息上的延迟，故产品无法实现持续增值。

开放式物流与工业足迹

驱动流颠覆了工厂原有的内外部流程。其目标是企业尽可能接近最终客户，更好地理解客户需求，并缩短响应时间。关于这一点，数字经济不仅改变了产品开发模式，还对工业领域的发展产生了重要影响。例如，亚马逊自建物流系统，建立了一种颠覆行业的数字化混合模式。这家巨头迎来指数级增长，改变了图书销售业、零售业、奢侈品业，乃至整个销售行业。亚马逊每一次颠覆的原理都极其相似，即去掉分销过程，直接与最终客户和生产者相连。另外，亚马逊通过大数据，根据客户需求推荐有针对性的产品，再凭借规模优势提供极具竞争力的价格。大数据还帮助亚马逊了解到交期是决定购买的关键因素，因此，亚马逊改进了相关模式，从而更精准地明确客户需求。目前，亚马逊不生产产品（除了发行图书和影音产品，亚马逊的业务涉及图书出版及影视作品制作），但深刻影响了众多工业领域，并导致价值的重新分配，也在一定程度上压缩了上游空间。亚马逊没有把自己定位为 B2B 领域供应商与工业客户之间的牵线

76

人，而相比之下，中国商业巨头阿里巴巴的商业模式是以企业间交流为基础而建立的。虽然阿里巴巴当前在欧洲的存在感不强，但这种情况不会持续下去。传统制造业如何应对这些商业巨头以及数字平台的崛起呢？

　　驱动流旨在最大化开放企业的流程以创造内部价值并维持利润率，其关键路径是企业使分销和购买渠道多样化，充分利用多样化平台，紧握相关产品及服务业务，以避免被边缘化。以下为相关商业案例。

商业案例

溯高美：　与最终客户建立联系

　　溯高美与最终客户建立联系的经验极具启发性。该公司主营业务为电气开关系统，其生产的开关箱通常会集成到更大的系统（生产机器、逆变器、工业设备等生产系统）中，因此溯高美很少与购买设备的最终客户建立联系。为了避免被强大的竞争对手吞噬，也为了利用新技术，该公司决定启动用开关盒测试能耗的项目。如今，无论是购买溯高美设备的客户，还是购买其竞争对手设备的客户，均可以使用溯高美的解决方案。因此，溯高美实现了一举三得：更靠近最终客户并更好地理解其需求，为客户提供新型服务，能够从竞争对手的客户那里收集数据。溯高美打通了流程，与最终客户建立了联系，这在以前是无法实现的。

商业案例

迪亚姆瓶塞公司：以市场为导向定制产品

迪亚姆瓶塞公司（Diam Bouchage）是法国工业中的隐形冠军之一，主要生产用于保存静止葡萄酒、起泡葡萄酒和烈酒的高科技软木塞，在法国、葡萄牙和西班牙设有分支机构，销售业务遍布全球各地。该公司在六年内实现营业额翻番，正处于高速发展期。其决定性的竞争优势在于，投资了一项拥有专利的革命性工艺，可以消除影响葡萄酒味道的分子，尤其是"瓶塞味"，据统计，全球10%的葡萄酒品质因瓶塞味而受到影响。

莫瓦斯·多斯·桑托斯（Moïse Dos Santos）担任该公司的首席信息官已有八年，他上任后不久，公司便启动了生产数字化项目，"最初的想法很简单，标准化和数字化是实现可持续增长的关键"。莫瓦斯回顾过去，他印象最深的是部署ERP以及相关系统，虽然过程并非一直顺利，但团队在数字化转型中得以充分锻炼。在数字化转型中，企业不仅培养了人才，还取得了双重收益，一是避免受季节性因素影响，确保生产高质量产品；二是能够在软木塞价格波动幅度大的背景下降低成本。

78

配置驱动流：直接连接工厂的配置器

在整个过程中，该公司坚持以客户为导向，并将其纳入公司整体愿景。为此，迪亚姆瓶塞公司为葡萄酒商提供了一款配置器，使其能够定制软木塞。同时，莫瓦斯也坚持在组织内实行驱动流原则，即根据客户需求定义整个运营系统。他说："我们要做的不是应用某个数字工具，然后总想着从中获益。之所以推出配置器，是因为我们的客户最注重量身定制以及响应速度。"

为了满足客户对响应速度的需求，迪亚姆瓶塞公司的所有程序都实现了即时响应。莫瓦斯继续说道："信息必须尽快传达至决策者。"例如，当客户要求迪亚姆瓶塞公司定制一款个性化瓶塞时，各类选项能够快速开启或关闭，并且工作人员能够以此为基础直接开展可行性研究并立即创建生产所需的所有技术信息：明细表、系列产品、任务、时间、材料等。该公司产品每年的多样化数量可达 15000 件以上。

该公司收到订单后，能够实时管理整个生产过程，从物料供应到最后的发货。物流和生产团队均配备了便携式终端和电脑，能够在每个阶段进行信息上报。莫瓦斯说："我们的想法是，让所有运营人员互相连接，使信息上报过程变得非常简单。"

同时，为了提供整体上的支持，计划部门还基于需求驱动制造资源计划（Demand Driven Manufacturing Resources Planning, DDMRP）建立了强大的参照体系。莫瓦斯认为："这为添加专业信息奠定了基础。"

流程模型与数据模型： 转型的两大根基

要获得实时管理的能力，公司首先需定义流程及相关数据的标准运行模式。相关工作分两个阶段进行：第一阶段，公司基于客户需求和工业实际能力，对实物流程进行绘制；第二阶段，公司定义流程各个阶段的数据模型。对各流程入站和出站数据（项目、数量、节拍、每台机器的资源等数据）进行正式化处理后，工厂对周期的管理将变得更加稳定。随后，公司对支撑职能部门进行调整以适应生产需求。

莫瓦斯说："所有数据都存储在一个数据库中，我们可以对90%的内容进行统一整合。"莫瓦斯坚持参照体系的标准化，以避免存在较大的偏差。因此，系统集成构架更倾向于建立一个统一的数据库，该数据库负责管理所有工具生成的数据。

立足现场与积极乐观： 激发活力的两个关键因素

今天，制造的前置时间（lead time）为7～14天，而要达到这一目标，该公司所有团队都应参与公司业务流程。迪亚姆瓶塞公司不谈"工业4.0计划"，因为该公司早在八年前便启动了优化改革，从最初的精益管理到现在的数字化管理。改革成功是众多员工共同努力的结果，包括投入大量精力的首席信息官、力促方法与"精益4.0"匹配的工业绩效主管，以及生产人员和外部集成商。在理想情况下，完美的团队具有三重职责：生产、持续改善以及数字化。但莫瓦斯比较谨慎，"今天我们还不具备建立跨专业混搭团队的资源条件，不过我们已经开始针对团队不具备的技能开展培训"。同样，改善的渠道并非只有一种，既可内部完成，也可外包处理，具体取决于所需技能。

在讨论组织问题之前，莫瓦斯提到他在组建项目团队时所坚持的想法："要雇用有能力、乐观且有好奇心的人，即便项目专家十分优秀，但如果缺乏这些素质，项目也将注定失败。"测试与学习已成为迪亚姆瓶塞公司的重要理念，因此，该公司更需要乐观与有好奇心的员工。因为与长周期项目相比，该公司更倾向于立竿见影的项目。该公司严格坚持目标标准，但允许失败并接受阶段性地完成项目。莫瓦斯强调："我希望三个月完成项目的70%。"

80

最后，公司必须让用户参与进来。莫瓦斯说："终端操作者需要获得更多实际收益，而不是束缚。如果有人告诉我应该安装这个或那个应用程序，我会打断他，并提出先讨论需求再讲解决方案。"关于这一点，迪亚姆瓶塞公司已经采取了一系列有效举措，其效果十分显著。例如，将消耗原材料最多的机器——成型机连接到 ERP 系统，然后，公司团队联合专业工程师、外包服务公司一同在现场创建了一种工具，把瞬时物料消耗与机器过程控制关联在一起。类似的一系列措施帮助迪亚姆瓶塞公司成功抵消了近年来软木价格上涨的影响。

81

未来： 延续还是颠覆？

尽管迪亚姆瓶塞公司取得了较大成功，但莫瓦斯在展望未来时依然犹豫了一下。因为对他来说，企业虽不断发展，但依然面临挑战。诚然，周期有所缩短，交货稳定性有所加强，未来某一天，公司或许能做到按小时完成交付。但这真是客户需要的吗？

相反，他认为超级制造的另一面是对颠覆的深入思考。他总结说："对于加强客户关系，我有许多想法，包括向他们提供从未有过的服务，它是与瓶塞完全不同的服务。之所以一切看似可控，是因为你的步伐还不够快。"因此，一旦投入进去，关于公司发展的思考似乎无穷无尽，并带来更多颠覆性的机会。

阿迪达斯（Adidas）和萨洛蒙（Salomon）目前正在研究如何把部分高端鞋类产品生产全部外包给靠近消费市场的小型生产企业。品牌厂商们期望借助"盒子里的工厂"（factory in a box）概念，获得与迪亚姆瓶塞公司一样的优势，例如与最终客户保持牢固的联系（目前这些品牌主要由代理商负责分销），为高端客户个性化定制产品（量脚定做篮球鞋），因靠近商店且成品库存量低而降低物流成本。

开放式物流具有无可比拟的竞争优势，但有三个前提条件：第一，在消费市场附近建立制造与分销网络会加剧组织的复杂性。因此在项目启动前，企业需要组建牵头部门，负责研究部署模式和网络管理方式，解决未知问题。第二，因为成品存储与分销方式与以往有所不同，供应链也需有所调整。企业需自建下游供应体系，使下游单位也能够快速获取优质的原材料。为此，企业要对整个流程进行调整，以确定规范的库存水平，并与供应商网络进行深入合作，以保证适当的服务水平。第三，无论在何种情况下，企业都必须充分利用新技术。例如，在阿迪达斯和萨洛蒙，3D 打印技术是成功的关键技术之一。企业需提升员工技能，开展培训活动。在溯高美的案例中，能源子公司招揽程序员、数据科学家、设计师等人才，他们掌握了公司以往没有过的技能。

二 模块化

迈向驱动流的第二步是模块化。大规模定制会导致一些问题，但只有解决这些问题，工业系统才能变得更加灵活。为此，两个程序必不可少。第一，产品设计简化和去复杂化；

第二，实现制造流程最大限度的互联，确保流程与产品协调一致。

模块化产品

福特 T 型车仅有一个版本，其制造过程较为简单。因此不难想象，在当时的工厂，简单而整洁的生产线边摆放着单一标准的零部件。到了 20 世纪，汽车乃至整个工业领域逐渐呈多样化发展趋势。为了应对多样化带来的复杂性，工业系统不得不进行结构调整，工业规划成为一种职业。借助**生产指导计划（PDP）**以及**工业和销售计划（PIC）**，企业逐渐消除了客户多样化和个性化需求所带来的大部分压力。然而计划并不是万能的。此外，企业还需对流程架构进行调整，将战略性库存定位在生产链的特定位置，从而减少延误时间，降低制造风险。随着 20 世纪 80 年代经济的金融化，企业对库存量的容忍度降低。精益生产成为"救世良药"，帮助企业在接受深度多样化的同时，借助驱动流原则使库存量降至更低，从而保证复杂的供应链正常运转。

时至今日，驱动流依然有效，但由于多样化已发展到极限，几乎每件产品都有所不同，仅考虑限制和降低库存已经无法满足现实需求。大多数企业根据订单安排生产，因此生产涉及众多不同零部件，设置中间库存以建立缓冲库存点的方法将逐渐显示出其不足的一面。为解决这一难题，众多行业希望在产品结构的优化上有所突破。20 世纪 90 年代的汽车制造业便经历类似情况（例如多款车型使用统一动力平台），产品平台原则弱化了零部件的多样化。不同产品共享同一模块，能够降低不同型号零部件的存储量，有效缩短产品开发时间。此外，大批量采购还有助于降低采购成本。

基于"无限"多样性打造模块化产品系统看起来并非那么容易。道理看似简单直白，但其背后隐藏的是思维方式的调整，尤其设计人员需调整思维方式。对于一个优秀的设计工程师，与其在众多零部件目录中挑选一个标准件，不如重新开发一个更适合的零件，后者甚至更快。因为，标准零部件通常不太符合预期的规格，或者尺寸过大。如何解决这一难题？一是企业最高管理层采取强有力的措施提升管理水平；二是与项目组相比，组织需要赋予专业团队同等重要甚至更重要的地位。每个项目组都希望降低成本，而100%量身定制是最好的办法。但各专业团队则希望减少多样性，保证标准，从而缩短企业的整体周期。例如，某个项目组需要5mm、35N·m型号螺钉，而零部件目录里标准件的型号是6mm、40N·m。前者的成本更高，且前者为更优选择。但是，从全局考虑，标准件可以节省整体时间，并有利于企业的发展。

驱动流的逻辑是将产品的模块化推向极致，并尽可能在不同产品系列之间建立广泛的联系。法国德地氏（De Dietrich）热力

84

技术公司最近开展的热泵生产改造工作便是一例。该公司最初拥有四条不同的生产线和大量的线边库存，改造后，只保留了一条基于标准模块的灵活生产线，线边库存也极大简化。虽然上游的简化工作量很大，但空间优化和制造周期的改善效果十分明显，而且从个性化流程角度来看，这也是值得一试的。

模块化流程

要使模块化发挥最大作用，流程架构也需随产品的模块化而模块化。因此，企业必须借用分析产品模块结构的逻辑，对生产线和制造模块进行分割。完美的纵向生产线也变得过时，采用驱动流原则的企业首先要考虑不同产品模块之间的互联逻辑，搭建小型生产线或细胞式生产线，尽可能使所有产品模块通向同一条最终装配线，这样的总体规划结构更接近"T"形而不是"I"形。

小型灵活生产线的第一个优点是更适应独立流程。其管理结构由"自主生产单位"组成，各团队负责人对单位目标负责，团队精神具有浓厚的初创企业文化色彩。这种生产线的第二个优点与工业规划有关，由于各生产单元的在制品数量少于整体生产线的在制品数量，因此生产计划的调整时间可以更短，企业的响应速度可以更快。精益生产"一件流"原则推崇的小批量生产将得到更好的应用，因为工厂能够以更高的频率清空或重新装载每个生产线模块。如果系统成熟，这个频率甚至以小时计算。

　　由于流程的高度敏捷性，均衡生产不再是必要前提。不过，在有些复杂系统中，不同过程之间存在较大差异，车间内有较多限制因素，生产线各式各样（例如机械车间的生产线），在这种情况下，均衡生产的实施情况十分复杂。面对这种情况，我们的目标是，只针对主导生产单元实施均衡生产，在快速做出响应后，企业可以视情况频繁更换主导生产单元。

86

　　法国尚飞鲁米利工厂正是基于这种模块化逻辑和灵活计划，生产可以互联的完整子件（见上文相关商业案例）。

　　在讨论下一个原则之前，我们先比较一下作为驱动流基础的模块化逻辑以及来源于技术世界的互联逻辑。十多年来，计算机系统因微服务概念而发生变革。简言之，其逻辑是每种功能、每个程序、每条代码都可以被隔离和编写，因此企业可以通过 API 调用通用数据。基于这样一种逻辑及开源代码模式，开源库向所有人开放，并且得益于所有人的贡献而变得更加庞大。因此，程序员在创建新产品时，可以直接利用已有资源，无须从零开始。好比在工业界中，当机械工程师准备重绘零部件时，可以利用工业领域与该零部件有关的全部图纸。这将为创新带来巨大驱动力，也在很大程度上解释了数字经济呈指数级发展的原因。因此，尽管当前采用模块化逻辑的公司少之又少，但这种逻辑将成为行业转型的助推器。未来，多家公司甚至整个行业都有可能从中受益。

三　连接性

工厂和工业系统需要稳定牢固的连接才能在瞬息万变的世界中高效运行。整体周期的缩短使企业进一步认识到生产各阶段信息有效传达的重要性。而预测工具将越来越具有决定性作用。生产一旦启动，流程中每个阶段之间的通信必须顺畅，且流程应具有最大限度的信息可追溯性，以避免出现错误。良好的流程管理离不开流程的整体数字化。

超前预测，动态分配

规划原则是指企业尽可能长远规划，以减少不确定性，提高准确性。均衡生产是精益生产原则的重要基础，与之相比，规划却稍显次要。例如，汽车制造业通常满足于**销售和运营计划（S&OP）**和总体生产计划。"平稳"常被视为准时制的基石，而从这个词中，我们看到的更多是企业希望解决流程的不稳定性，而不是回应需求的不稳定性。然而，实施有效的规划管理流程是精益转型成功的主要原因，其重要性甚至超过解决实际转型问题。对于缺乏丰富运营经验的公司，规划往往被视为首要原则。一项针对法国大东部大区（Grand - Est）和新阿基坦大区（Nouvelle - Aquitaine）中小型工业企业的调查显示，85%的企业缺乏规划管理，其他主要问题还包括绩效管理薄弱以及关键流程没有实现自动化。

在企业向超级制造转型过程中，规划的重要性不言而喻，且还有待加强。企业不仅要详细规划已确定的工作任务（如确定的订单），还要尽可能预测未来，从而更好地分配工作与资源。企业应从最终客户或生产链最后一环等渠道获取信息，然后借助越来越精确的预测算法，对可用数据进行更好的分析，以减少不确定性。因此，组织（与直接接触市场的人员确定例行程序）和技术（利用数字技术更好地开展规划工作）均是关键。除工业之外，时尚等产业已开发出测算销售增长数据的技术，并利用详细的一手信息，对销售网络的补货需求进行管理，而这些信息也会反馈给工厂。企业需从这些技术中获得启发，同时以实时精准测算最终销售数据为前提。因此，许多消费品品牌重新夺回了"售出信息"控制权（最终客户购买的实际情况），而不是仅仅满足于分销商提供的信息（作为品牌与客户之间的中介，分销商提供的信息会有偏差）。如此一来，提供给供应商的信息将更加可靠，而据此做出的预测也更加精准。**射频识别（RFID）** 等技术还可以帮助企业比以前更轻松地实时收集相关数据。

流程数字化

除了帮助企业与最终客户建立联系，流程数字化还是驱动流的重要支撑。流程数字化的第一个要素是实现物流自动化。在物流行业尤其是亚马逊的推动下，物流自动化已经在工业领域取得一定发展。许多成熟的制造商已经通过物流自动化节省了大量内部运输成本，如仓库与生产车间之间、生产站之间的物流。标志雪铁龙（PSA）、赛威传动以及克莱方丹（Clairefontaine）的生产线物流已交由**无人搬运车（AGV）**管理。

流程数字化的第二个要素是现场**调度**的数字化。以迪亚姆瓶塞公司为例，叉车司机均配有读取器，以扫描识别每件商品的运动轨迹；生产线配备了计算机和手机，以记录每一项生产操作。在精细调度方面，位于法国罗德兹（Rodez）的博世（Bosch）工厂通过电子**看板（Kanban）**随时查看工厂的运行和库存状态。流程的数字化能够降低运营成本并实现实时管理，也使企业对流程状态一目了然，为企业做出正确决策奠定基础。

四　实时性

实时性既是一种思维方式，又是一种工具。一旦企业具有实时思维，企业在讨论解决方案以提升管理和响应速度的同时，自然而然会考虑实时性需求。

实时思维

计划负责人可能都对这项简单的规则非常熟悉：在生产过程

控制中，进度检查频率必须大于目标设定周期。如果按周设定目标，进度检查频率则是每周几次，甚至每日一次。在 20 世纪，工厂通常按月设定目标，因此进度检查频率约为一周一次。随着精益管理的到来，许多工业单位开始按周设定目标，按日检查进度。自 2010 年末以来，新趋势是企业按日设定目标，按小时检查进度。

90

而随着数字经济的发展，人们可以在电子商务平台上一键购买商品并在一小时内收货。工厂被迫再次适应时代需求。目前，最成熟的 B2C 系统开始采用小时制目标和持续检查制度，而实时概念也逐渐在制造车间普及。法国尚飞、维伦姆公司（Velum）、加拿大力士公司（Lisi Aerospace）等代表未来产业发展方向的领先企业已宣布，执行以实时性为中心的运行模式。实时思维指操作员根据按小时制定的目标进行生产，但也意味着支撑职能部门要以生产车间的速度运行，并根据相同的时间计划为现场人员提供帮助。同样，管理者不能与现场脱离，需要持续、直观地了解现场情况。另外，高管们（首席执行官、首席运营官、首席财务官、首席创新规划官等）也不得不跟上这样的工作节奏。现场人员与企业管理不存在任何时间上的脱钩，而这也将迫使企业走向"扁平化"，以减少浪费（等待浪费、犹豫不决、工作孤岛等），并取得更快的发展。"超级"工厂的建立离不开超级技术员、超级管理者和超级高管。

实时管理的数字化

要推广实时思维，领导需发挥自身的榜样力量。此外，系统需设置一系列警报机制，使响应具备应有的速度。因此，管理的数字化便是其中的关键之一。精益生产的绩效管理具有明显的结构化特点，有利于发现和解决问题，是整个系统的核心。以前，管理者每天在白板上用记号笔记录员工前一天的表现以及计划偏移情况下采取的相关行动。

如果切换到实时管理，除了白板，企业还需要增加运行图表，以便管理者每小时甚至实时对绩效进行衡量。这项工作可以交由人工处理，但数字化能够带来更强的可靠性和更高的效率。此外，对管理者而言，实时了解工厂各个部门的具体情况曾经是不可能完成的任务，而现在，他们需要即时上传多个区域数据的工具，使开展的行动变得可视化，从而更好地评估风险，做出决策。电话和绩效评估依然是组织开展实时管理的有力工具，但与之相比，数字应用程序能够帮助管理者更精准、更及时地完成各项任务。因此，"超级"管理者会设法充分利用工厂每个人的才干，尽可能随时通过最有效的方式解决问题。福特主义的特点是"自上而下"，工程师向现场操作人员发出指令；精益生产则要求企业依靠所有工作人员来解决问题；超级制造将沿用充分发挥每一个人作用的理念，但更强调过程的数字化和实时性。

五　配置流

配置流是驱动流的升级版本，能够满足用户的个性化需求。配置流的两个基本原则是：尽可能在配置过程中接近客户，实现生产调度的自动化和实时性。

92

从配置器到工厂

"你可以随意选择你喜欢的汽车颜色，只要它原本是黑色的。"亨利·福特这一玩笑话完美地总结了早期汽车客户的选择，即没有选择。如今，许多工业产品有变化无穷的版本。司米集团的鲍里斯·赫尔曼（Boris Hermann）曾说过，产品目录中可能的变型数量大约为 10^{40}，几乎意味着"无穷无尽"。在他看来，工厂提供如此多的零部件或产品变型不是偶然，而是将其当作日常工作。他继续说："要想使司米集团的工厂停工，只需要连续发送一批相同的橱柜配件。"但是，如何通过简单的方式搭建这种近乎疯狂的变型与客户之间的联系纽带？许多企业通过"配置器"来解决这一难题，例如迪亚姆瓶塞公司、司米集团、维伦姆公司等。配置器可以引导客户在一定的选项中，通过配置组合实现数量巨大的变型。

超级制造的创新点不在于配置器本身，而在于配置器与工业系统之间存在的联系，以确保在大多数情况下需求与计划流程之间不再脱节。由于工厂与配置器直接连接，再加上前文提到的超前规划及产品和过程的模块化，工厂将以前所未有的速度直接按客户订单生产产品。司米集团甚至为了满足配置需求开发了新的工作分配计算算法，现在，系统无须生产指令单即可运行，橱柜各部件由各生产单元负责生产，然后在最终总装生产线汇集。如93 此一来，如果客户提出需求，司米集团能够在一天内做出回应。

实时自动化调度

在生产启动之后的阶段，超级制造的流程规则与精益生产的流程规则类似。多数情况下，驱动流能够在足够稳定的系统中充分发挥作用。但正如前文所说，产品和技术的复杂性向线性生产发起挑战，在整个流程中实现工作内容与工序能力的完美平衡 [**节拍时间（Takt Time）**的应用] 将变得越来越难。此外，物流系统的实时调度可能导致生产计划的变更。因此，要解决这些问题，企业需要采用有效的提醒机制。在驱动流基础上，企业能够根据流程整体状态以及各类产品的下线目标数量进行实时调度。如此一来，"主导"生产单元或机器可以永不停机、一直运转，并"驱动"流程中的其他工序以同样的节奏运行。在这种形式的驱动流中，作为领跑者的主导生产机器（决定工作节奏）将根据生产线上或外界反馈的数据及周期运转。这就是我们所说的配置流。自动化和可视化调度使每一位94 管理者能够确保重新调度的决策符合生产计划的最新目标。

原则四　超级制造的第二支柱：　质量一体化

质量一体化——超级制造的第二支柱如图11所示。质量一体化和驱动流之于超级制造等同于"自働化"和准时制之于丰田主义。质量一体化是丰田主义的第二支柱——"自働化"的升级版，因此它受"自働化"基本原则的启发，如一次性成功率、警报系统、尽可能现场解决问题等，同时还整合了随社会发展而产生的新概念，如可追溯性、道

图11　质量一体化——超级制造的第二支柱

德观、应对问题的响应速度、范围更广的合作等。最后，质量一体化将依靠数字化、自动化、物联网、大数据和预测技术等，帮助企业建立更强大的生产系统。质量一体化的五大原则是数字连续性、自动化质控、异常预测、实时警报、合作解决问题。

质量一体化如图12所示。

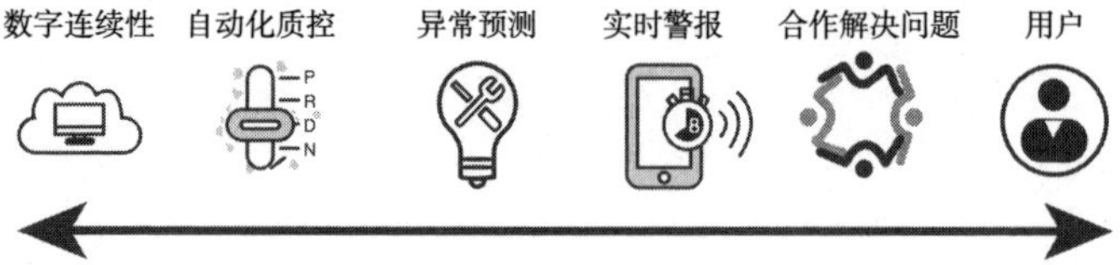

数字连续性　自动化质控　异常预测　实时警报　合作解决问题　用户

图 12　质量一体化

一　数字连续性

质量一体化的第一原则是数字连续性。它不仅能提高效率并持续改进产品，还能确保生产模式的可追溯性，从而使价值链符合当代道德观。

可追溯性和竞争力

随着电子技术和数字化的兴起，21世纪的工业产品发展速度越来越快，也变得越来越复杂。面对多样且复杂的产品，销售背后的供应链不得不适应时代发展，并确保相应服务的连续性。如何管理每个零部件或每种功能的不同版本？如何确保整个过程的可追溯性，以便能够通过产品追溯其原料来源？

要解决以上问题，需设置一条覆盖全过程的数字化链条。全过程数字化能够极大地提高效率和客户感知质量。如果产品缺乏可追溯性，一旦新版本安装出现问题，研究成本和拆卸或重装成本会增加。而最坏的情况是，最终客户会发现问题，这会破坏消费者对产品的信心。确保生产链的每个环节能够实现 ₉₆精确的可追溯性是解决这类问题的有效方法，不过关键仍是各环节与专业团队的连接。以奢侈钟表制造为例，从设计、生产、销售直至售后服务，整个过程使用一套单一的系统。得益于如此强大的一体化，有些任务甚至可以变得非常简单，例如列明细表、制订计划、完善工艺、确定操作模式和标准工时，或因客户要求而更新所有相关文件。因此，生产方法团队、设计团队以及生产质量团队的能力将获得重大提升，从而大大提高企业的效率。

道德生产

数字连续性还能回应消费者对道德生产日益增长的担忧。借助日益发展的社交网络与尤卡等应用程序，消费者对产品的所有信息一清二楚，如产品生产方式、各生产环节的酬劳制度、产品固有质量、生产是否符合环境标准以及整个生产过程中的二氧化碳排放量。亚马逊迫使整个物流体系打破传统，把响应时间缩短至一小时内，这些新措施激励企业向最终消费者开放越来越多产品的可追溯信息。

有些行业已经远远走在前列，因为它们别无选择，例如制药业和农业食品行业。消费者提出的道德要求涉及童工、工作条件、农民和加工销售之间利益分配不均等问题。部分企业开始关注市场需求的新变化，并尝试改变供应体系。因此，某家奢侈巧克力生产商正在思考如何把所获收益投向巧克力行业的上游，以更好地补贴可可树种植者。这类措施带来的好处是，既能提高最终客户对产品的好感，又能有效激励内部团队，因为团队成员所从事的工作兼具经济效益和社会效益。

当然，道德要求不仅限于实现发达与不发达地区之间的平衡。现在，人们希望企业能够带动边缘地区的供应商发展，促进当地就业。因此，企业可以与当地制造业企业展开合作。许多企业已经考虑将外包至低成本国家的业务——例如奢侈品的抛光业务——转至本国完成。也有企业考虑如何与当地其他组织共享自己的设施，例如，维伦姆公司总经理安妮·维特尔（Anne Vetter）决定将新油漆生产线的部分工作时段出租给当地其他企业，这不仅使该公司与当地邻居联系更加紧密，还为该公司带来更高的投资回报。

二　自动化质控

数字连续性实现之后，企业便可着手提高整个生产流程的质量。企业的主要措施为在正确的位置实行正确的质量控制，以尽早发现产品缺陷，甚至直接在产品缺陷出现的位置进行针对性检测。关于这一点，超级制造与精益生产并无太大区别，均倾向于实现流程每个步骤的自动控制。不过，超级制造以实现所有流程的自动化为目标。

工业视觉和机器人等人工智能技术的发展使产品功能缺陷和外观缺陷检测自动化成为可能。农业食品企业借助视觉相机和人工智能技术快速对蔬菜和水果进行分类。人工智能算法经过初始

98 训练后，在使用过程中不断成熟，能够越来越精准地检测出所有形状和颜色不符合标准的产品。整个过程的时间很短，我们很难看清生产线如何剔除不合格的部分，只有通过慢速影像才能直观感受到机器的强大功能。得益于新设备以及已投入使用多年的重量挑选系统，农业食品行业的自动化检测速度有了显著的提升。这一趋势开始扩展至整个工业领域，例如，位于法国圣旺 - 洛莫讷（Saint - Ouen - l'Aumône）的力士工厂拥有多台自动控制设备，能够根据尺寸对航空紧固件进行挑选。依托机器人和视觉技术，产品质量控制变得越来越自动化。

但是，质量控制计划不应只注重堆砌尖端技术，即便在非常成熟的公司，人为因素往往才是造成困难的主要原因，例如如何协调各部门接受统一的质量标准？如何确定交叉缺陷？零部件报废或返修的决定周期有多长？人依然是解决这些难题的关键。关于这一点，奢侈品行业有着可供借鉴的丰富经验。因为主观审美标准不一，所以奢侈品行业有非常复杂的质量标准规范，例如根据划痕情况判定产品不合格，但划痕多大、有多少、在哪里？有些标准甚至更难以把握，例如，针对客户触摸钱包或手提包皮面时的感觉确定评价标准。近年来，感官分析

99 成为补充自动化检测的有力工具之一。感官分析以标准树为参考，依据每一条标准对缺陷进行"感官"判定，然后根据

权重计算相应得分。例如，如果皮质产品表面有轻微斑点，但我们触摸产品时对此感觉不明显，那么可根据感官分析和权重计算得出最终结果。这种评价体系能够有效避免各阶段工作团队之间无意义的争论，但建立该体系的前提是做到标准一致并开展相关培训。目前，在纯粹的感官方面，机器还不能代替人类。因此，两种质量控制方法仍需并行实施，在扩大缺陷检测自动化程度的同时，我们不应忽视人仍是解决美学缺陷的关键所在。

三　异常预测

理想的质量体系是尽可能提前检测，以防止缺陷发生。但是，提前检测一直是一项非常复杂的工作，原因在于工厂缺乏数据捕捉和分析技术。今天，工厂内产生的数据量非常大，如工业自动化设备数据、监管数据、ERP 数据以及操作员手动测量数据等，这些都属于可供管理层用来预测异常的信息。

近二十年来，工厂采用**统计过程控制（SPC）**，对影响过程的关键参数进行定位，使监控计划有了极大改进。因此，工厂通过频率采样，能够尽早检测出异常情况。其优点是，及早发现缺陷，并限制生产返工的次数。统计过程控制的单参数检测有效性得到了充分验证。如今，得益于数据存储容量的增加以及先进的

100

分析算法（大数据），多参数检测能够完成人力所不能及的关联性查找工作。其优点是极大地改进了统计过程控制的上游工作。算法在检测过程中深度学习，具有越来越高的异常风险识别能力，能够提高整体效率和质量。因此，在制药、化妆品及食品生产等领域，算法在工业过程上游发挥着越来越大的作用。例如，某家奶酪企业开发了一种新型设备，能够在合适的时间对大桶进行清洗，以代替不间断清洗。算法通过分析细菌风险、脂肪含量、温度、压力和奶酪类型的关联性，对风险进行精准预测。过去，洗涤过程造成设备综合效率 8 个点的损失，而新设备使这一损失降低了一半。

四　安东系统和实时警报

预测和控制是避免异常的两个基本原则。面对异常风险，质量系统必须快速反应，以防止风险转化为实际问题。**安东系统**（**Andon**）是精益生产第二支柱的主要工具。该系统诞生于汽车制造业的总装配线，能够在异常出现时及时发出警报。操作员一旦发现产品存在质量风险，可以通过一根绳索及时通知负责人，这根绳索被称为"安东绳"。该系统的精髓在于不妥协，如果风险在一分钟内没有消除，则整条生产线停工。其传递的信息非常明确，即让所有人明白，工厂宁愿停止数十名操作员的工作，也不让质量风险流入生产流程。

101

超级制造以实时管理为支撑，因此，安东系统需发挥比以往更重要的作用。而安东系统的数字化不但能加快现场负责人获得信息反馈的速度，还能生成上达高管的可视化、可追溯警报信息。安东系统在超级制造中的应用不是革命，而是在原有基础上的升级。传统安东系统的管理规则具有逐级特征，例如，警报拉响一分钟后，团队负责人必须干预；五分钟后，车间主任和质量技术人员必须到达现场；十分钟后，相关人员必须通知厂长，等等。借助数字技术，工厂可以实现这一套规则的自动化升级，并利用手机发出警报。如果管理层认为有必要，还可以在前几秒钟内向整个生产链发出提醒信息。**过程管理控制（PMC）** 每天识别需要提醒管理层格外关注的控制点，因为这些控制点对实现工厂目标和绩效至关重要，而数字化安东系统将使过程管理控制得到加强。

在许多工厂，实时安东系统已成为现实，例如溯高美开发了一套现场质量管理工具，工厂管理层通过智能手机接收警报信息。在汽车制造业，安东系统的数字化能够进一步加强过程管理控制，管理者实时查看关键区域的表现指标，这能够有效提高现场巡检效率。最后，越来越多的工厂管理者通过数字技术实时了解工厂情况，如有必要，他们可以在任何地点、任何时间及时做出反应。法国赛峰集团（Safran）的一家一级供应商的总经理认为："安东系统是对绩效表的最

102

佳补充。有了这个系统，即便不在现场，我也可以放心地控制工厂流程，而且早上到达工厂之前，我能够快速了解情况，为现场巡检做准备。"

五 合作解决问题

如果整个质量体系只有反应速度，没有实质改善，其作用也是极其有限的。企业只有从根本上解决问题，才能防止问题再次出现。在精益管理体系中，解决问题是"自働化"所追求的结果，以确保情况得到持续改善。超级制造依然强调问题的解决，同时企业会导入数字技术，建立实时响应系统，增强各部门之间的团结协作，使问题解决机制得以优化。

解决问题是精益管理体系中最困难的一步，因为要解决问题，需要从三方面努力：解决过程（涉及时间表、参与者、分配给各个部门的时间等）、解决方法（定义问题、寻找原因、行动计划等）以及思想观念（允许犯错、大胆、倾听、倾向于现场解决问题等）。在精益管理中，**快速反应质量控制（QRQC）**作为补充方法能够基于一些简单的原则，如始终在事发现场解决问题、围绕缺陷零部件开展工作、立即响应等，可以帮助企业完善解决过程，优化解决方案，改变理念。其效果也是十分显著的，毕竟速度对于成功解决问题至关重要，正如警方调查也需要

103

快速取证，否则生产现场的证据会很快消失，人们脑中的相关记忆也会迅速消散。由此可见，问题解决的关键还在于人们的意愿。随着时间的推移，各类传统方法的运用已使问题解决情况有了较大的改善。

而数字时代的到来将加速实施行动跟踪计划。例如，工厂能够借助数字技术与地理上距离遥远的设计单位或销售部门快速建立连接。在出现产品设计缺陷或售后服务意外事故的情况下，快速连接的重要性不言而喻。利勃海尔（Liebherr）和溯高美等企业的经验已经证明数字化能够有效降低产品不合格率。曾经难以联络的专家出现在现场的频率越来越高，并能够准时提供支持。而以前，对于不能自行决定的事项，工厂往往需要好几天才能等到最终决定。

此外，问题解决行动计划在会议上获得批准后，如何跟踪方案的实施也是整个过程的难点之一。为此，力士和托马斯皮具（Maroquinerie Thomas）等企业配备了数字跟踪工具，能够记录行动计划实施的轨迹。这套工具与企业各个级别相连接，因此可以实现生产与其他部门或现场与最高管理层之间的信息共享。所有人都可以清楚地看到计划的执行情况，而执行速度和优先级判断速度也有了较大提升，尤其是在选择生产还是改善、短期还是中期等不断发生的情况下。

104

商业案例

维伦姆公司： 融合与开放

自 20 世纪 80 年代以来，维伦姆公司提供专业照明解决方案，目标客户包括商店、超市、工厂、社区和餐馆等。安妮·维特尔（Anne Vetter）出任公司总经理已有十九年，主导过多次并购业务，并决定利用数字技术开启新的转型。因此，该公司在生产率、生产质量、人机工程管理等方面取得了显著进步，在高度竞争的市场环境下依然保持优势，成功在法国市场占据一席。

融合与开放是激发活力的源泉

维伦姆公司迈向超级制造的第一步是投资。安妮回忆说："首先公司面临生产的垂直化，我们当时希望把喷涂生产线移到厂内，从而压缩制造周期。"维伦姆公司并不满足于只建立一条简单的工业生产线，而是决定以此为契机开辟新领域。安妮说："我们考虑到这一点，并希望走不寻常之路。由于我们生产线的利用率达不到 100%，因此我们制定了生产线对外界开放的方案。"方案获得成功，目前，维伦姆公司外包了该生产线一半以上的产能，甚至还投资了第二条生产线。对于安妮，该方案所带来的不仅仅是经济上的收益，还有助于公司参与地区经济生活，与当地生态系统相融合。

但开放不仅限于对外，要真正改变，内部团队也需互相开放、互相连接，尤其是信息部门与运营部门。安妮表示："公司的自动化工程师和信息技术团队与生产部门、分包商紧密合作，公司取得了不少成就。"团队之间需要融合与开放，而个人则需要发展多种技能。例如，

105

持续改善负责人需管理现场数字化工作，识别团队数字化需求并提出具体解决方案。这位负责人的身边还围绕着一群积极向上、勇于创新的年轻实习生。

融合与开放没有边界，但公司需选择合适的合作伙伴。安妮提到，项目初期，合作伙伴出现问题，维伦姆公司未能按预定计划完成任务。但对于安妮来说，在转型之路上公司总会遇到风险，"我们要从失败中汲取教训"，直面风险，而结果会证明所有努力的意义。

更贴近客户、更敏捷、更适应

维伦姆公司的新生产线能够按订单生产。除此之外，安妮还希望为客户带来具体利益，如更丰富的选择、可定制产品（在温度、阴影、颜色、LED质量等方面）。与此同时，整个周期有所缩短，前置时间减少至三天到四周，具体取决于不同系统。喷涂项目结束之后，一条新的生产线已经设计完成，将进一步提高公司竞争力。新项目使公司能够实时跟踪生产，于内部而言，管理将获得提升，优先事项的裁决也变得更加容易；于外部而言，客户将获得更加精确的时间节点。总而言之，数字化转型使维伦姆公司与客户之间的联系更加紧密。

"快速失败"不是纸上谈兵

面对数字化转型带来的成功，安妮依然十分谦虚地说："我们必须脚踏实地一步一步往前走，毕竟罗马不是一天建成的。"她反对只谈成功而忽视风险。她表示："快速失败就意味着可能犯错。但我不怕承认失败，也不怕出师不利。"当初启动照明设备配置器项目时，负责项目的初创公司低估了项目规模，导致维伦姆公司遇到诸多困难。此外，

106

在安妮看来，工厂的内部信息交流与共享机制还有待进一步加强。

不过安妮依然乐观，并对未来充满希望。工厂将为人们，尤其是女性带来更多便利。她坚信："未来工业具有超级连接属性，工业可能分布更广，但各行业的性质会发生根本变化。"安妮相信新技术的潜力，也相信人们充分利用技术的潜力。

107

从精益生产到超级制造：支柱，如图 13 所示。

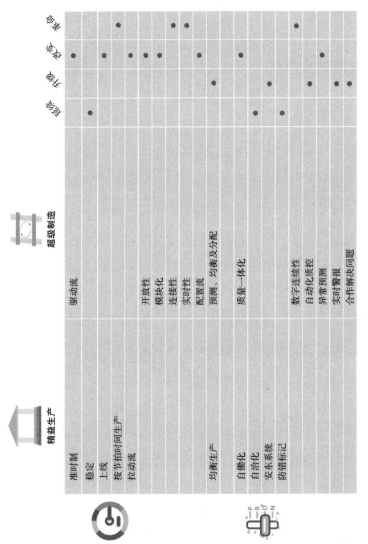

图 13 从精益生产到超级制造：支柱

原则五 超级制造之基础

超级制造的稳定性离不开两大支柱和三大基础。每个基础都兼具"运营管理（生产系统的运营管理）"和"信息技术（推动组织数字化升级）"的双重特征。超级制造的三大基础包括以下内容，如图14所示。

以数据为中心的敏捷架构

数字化和机器人化

组织以人为本，打造培养人才的沃土

图 14 超级制造之基础

一　以数据为中心的敏捷架构

以数据为中心的敏捷架构是超级制造的第一个基础，它是"运营管理（负责实物流程）"和"信息技术（负责数据流程）"的混合体。要充分利用第四次工业革命，架构的体系必须尽可能灵活敏捷，才能快速响应市场变化，缩短一线员工创造价值的周期。

109

敏捷的流程架构与信息架构

敏捷信息系统和精益系统有着高度一致的建设路径和目标，即由一线员工驱动整个公司的价值创造。精益生产系统利用持续改善法以实现这一目标。该方法激励每一位员工每日完成小幅度改进，只要企业充分调动每位员工的积极性，且员工意识到工作不仅包括日常任务的完成，还包括对工作方法的改进，小步伐改进凭借执行力强的优势，最终可以带来重大的转变，从而推动整个系统的指数级发展。而这也是丰田汽车公司在几十年内成为世界最强汽车制造商之一的秘诀。敏捷架构如图15所示。

数字化将在自下而上整体改善策略的基础上，为工业带来更快、更持续的改善效果。正如前文所述（见"原则二　超级制造之核心：持续开发"），测试与学习是推动持续开发的有效方法。

110

至今，许多团队依然深受"概念验证之困境"的困扰：现场团队有各种各样的提议，但是缺乏一种能够使力量汇集的有效

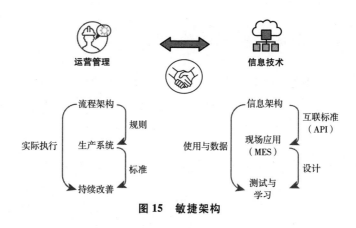

图 15　敏捷架构

机制，无法对系统资源进行重新分配、共享和统一。

　　要摆脱这种困境，信息部门应借鉴运营部门的经验。多年来，运营部门充分发挥标准在生产系统中的作用，因此，信息部门也可以充分发挥设计的功能，在测试与学习阶段，创建适合所需用途和用户画像的应用程序。

　　最终，来自生产系统的规则与来自信息架构的互联标准（API）将共同组成系统上层结构。例如，在手提包生产工厂，生产系统指定客户订单至皮料采购阶段为拉动流，下游批量生产为推动流。该指令与工厂流程架构的一部分相对应。生产系统需要确定的信息包括：如何在上述两种流程中发出生产订单？每台设备适用哪种流程规则［例如**先进先出（FIFO）**］？各专业团队应该采用哪种生产标准（例如缝纫工和工作台负责人都有各自特定的操作标准）？必须执行哪些例行管理制度（现场例会制、绩效回顾会制等）且何时执行？所有这些工作使工厂能够提前设定相关协议，并据此组织生产。

同样，信息架构将确定：通过哪些系统接受客户订单？如何将客户订单转换为生产指令单？订单转换应该使用哪些系统？零部件计划、明细表、工艺、原材料供应、库存管理等生产基础信息如何与客户订单和生产指令单对接？信息架构基于一整套现场应用程序，能够根据现场人员的使用需求对数据进行分发。数据像原材料一样，在系统中经历转化过程。而标准交换协议的创建是使整个系统协调一致且正常运行的基础，这类标准交换协议即API。例如，在手提包生产工厂，我们可以通过 API 查看设计团队定义的手提包图纸，也可以查找生产团队的明细表和工艺，然后再将这些数据上传至 ERP，从而启动完整的生产订单，并将所有的信息提供给生产团队。一方面，API 可以收集数据，促成产品生产；另一方面，API 能够上传数据，如质量水平、产品数量、计划完成度等相关数据。目前，已有众多生产系统借助**制造执行系统（MES）**实现数据的双向反馈。该系统集合了质量、计划、生产、维护等众多现场应用程序，使数据有效集中，能够实时运行。

数据中心主义

而以上只是建立敏捷信息系统的基础，要使信息系统的作用充分发挥，企业需对系统架构进行改造。自工业信息化以来，信息组织连续经历了四个不同阶段。

20 世纪 80 年代，早在个人计算机普及之前，工业已成为第一批应用计算机的产业之一。随着工业生产设备自动化网络逐渐成熟，工业以此为契机，迅速开启管理的自动化道路，应用领域包括成本监控、工业计划、生产跟踪和质量跟踪。然而，应用范围的扩大导致成立不久的信息部门管理混乱。公司取得发展突破的重要前提条件（运营与财务的整合）受到限制。

随后，ERP 的出现使工业进入第二阶段。一方面，新型超级信息系统能够连接所有数据（运营数据、财务数据以及商务数据），成为上级部门改善业务管理的得力工具。另一方面，新型超级信息系统能够封锁"盗版"应用程序的使用途径，确保信息的安全和稳定，为信息技术的升级铺平道路，使其与运营发展齐头并进。

随着数字技术的到来，ERP 在市场和运营方面先后显现出不足之处。ERP 僵化的结构阻碍了底层创新，却给系统的"超级卖家"带来前所未有的权利。"超级卖家"掌握了大部分大型集团的数据，当客户需要企业开发必要的附加功能时，他们拥有难以撼动的定价权。因此，即便企业开发一个不起眼的特定功能，也可能耗费数万欧元。除此之外，这类大型系统的适配过程极其漫长，该系统已经无法满足随时代发展而不断变化的需求。

因此，到了 2010 年前后，信息架构进入新阶段，"后现代 ERP"随之诞生。ERP 与特定应用程序相互配合，前者聚焦其核心功能，后者用于满足其他应用需求。其优势是，既能够提高运行速度，又

能在每次进行新的开发时，有效避免拆散系统中已有的连接结构。　113
但是，正如我们前面所说，工业领域在第三次工业革命开始之初便积
累了巨大的技术债务，因此，通往后现代 ERP 的转型之路依然漫长。

今天，在互联网巨头和中国、韩国等新兴工业国家的推动
下，信息组织进入第四阶段，"数据中心主义"成为新的制胜关
键。ERP 不再用于储存基础数据，逐渐丧失其主导地位，而是
和其他应用程序一样，从属于同一个数据湖。因此，一旦有新的
使用需求，企业便可立刻连接数据湖，提取或上传数据，从而实
现最大化的敏捷度。与单一数据湖的连接取代了以往各接口之间
的复杂连接，互联互通被极致简化。

新型结构需要管理者具备新的特定技能。首席技术官
（Chief Technology Officer，CTO）需要信息技术架构师和数据架
构师的合力支持，前者负责连接协议和整套硬件，后者负责定义
数据湖结构、数据结构和相关管理规则。在以数据为中心的企业
中，数据将与安全、环境、周期、质量及成本等指标一同列入绩
效管理。因此，组织中的每一个层级都有必要进行改革，对所有
使用数据的成熟度、恰当性和格式进行跟踪，并把这项工作纳入
常态化管理。以某家正开展深度变革的奢侈巧克力生产企业为例，
下至现场团队领导，上至高管，各个层级的每日绩效回顾和每周
绩效回顾工作会把数据列入推进议题中。该企业认为，数据是持
续发展不可或缺的重要基础。以数据为中心的架构如图 16 所示。　114

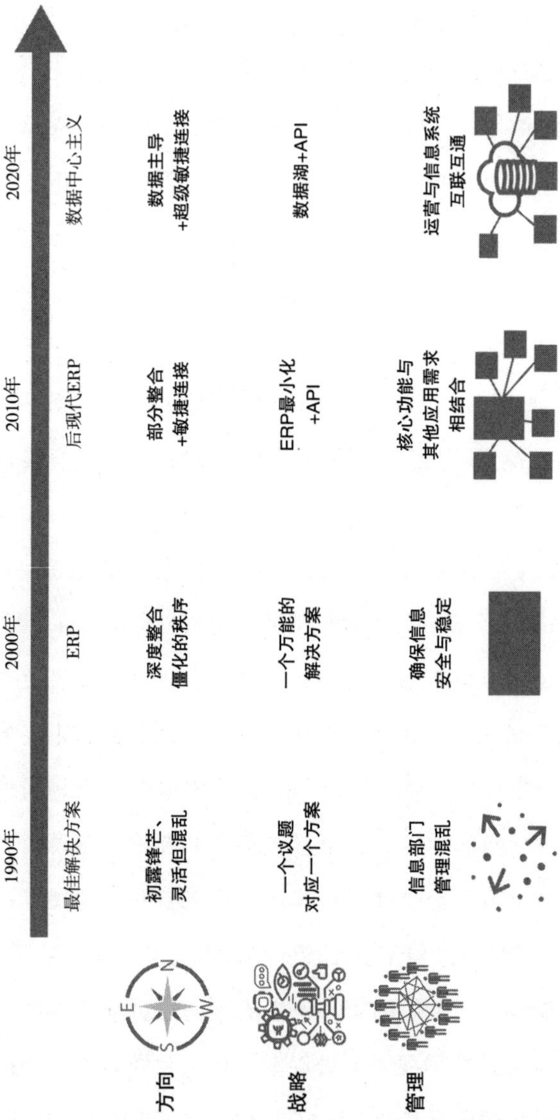

图 16 以数据为中心的架构

敏捷投资、微型化、密集化

如何成功建立以数据为中心的敏捷架构？一方面，正如前文所述，企业除了掌握传统工业技能以外，还需引进新的专业技能；另一方面，需做好以下准备工作，以满足建立敏捷构架的前提条件。

首先，重新思考投资方式。当然，投资回报率（Return on Investment，ROI）依然重要，重新思考并不意味着无目标地盲目投资。工业投资团队（设计、工业化、新工程、维护、采购等投资团队）在投资时，也需适当考虑灵活性的策略。诚然，要颠覆生产系统，就必须重新审核各类标准，尤其是机器的类型和特性。例如，上文提到的巧克力生产商欲推动提炼机的小型化，并就此提出相关优化计划。这种看似微不足道的改变有可能对企业的运行产生广泛影响，因为它意味着新的生产组织、新的计划和新的调度方式的产生。此外，上游工作也会有所涉及，如供应商挑选、合作创新等。企业有可能需要在其他行业寻找新供应商，在和新供应商的整合过程中，又需要考虑系统之间的互联性，从而使未来的业务拓展更加顺利。而上游围绕敏捷投资的反思又能为流程模块化（驱动流的组成部分之一）提供重要基础。116

同样，钟表行业当前也在推动工业设备往小型化发展。过去，供应商通常采用传统加工设备，用于生产手掌大小的零部件。部分企业了解到生产高科技零部件的日本机床设备后，开始转变行业模式。在几年内，瑞士钟表厂商的机械车间面积大幅度缩小，这既节省了高昂的土地成本，又有效提高了工厂的灵活性，因为小型生产单元的移动和布置要比传统加工设备容易得多。

此外，产品本身也要变得灵活。开发人员要在设计之初便考虑产品的连接性和模块化，赋予产品持续升级的能力。更重要的是，企业可借鉴苹果公司的应用商店（Apple Store）模式，搭建外部企业可以参与的开发平台，引入外部力量参与产品价值的创造过程。例如，特斯拉公司建立的汽车网络和能源网络、美国太空探索技术公司（Space X）的星链计划。因此，要生产具备灵活性的产品，企业需要改变方法、技能和投资，同时秉持开放的思想，既包括向所处工业生态系统开放，也包括对潜在合作伙伴开放。

117

商业案例

加拿大力士公司：优秀架构与专业技能

1991 年，加拿大力士公司在法国圣旺－洛莫讷建立分厂，生产航空紧固件。该工厂拥有约 400 名员工，营业额达到 1 亿欧元。为保持竞争力，该工厂经历了几轮扩展，完成了多个大型改造项目。目前，加拿大力士公司在环保和自动化领域处于领先地位，已被视为未来工业的先锋公司。

2018 年，格雷戈里·弗雷瓦（Grégory Freva）成为该工厂新一任负责人，他继续推进改革，使该工厂成为巴黎周边生态系统内工业整合的成功典范。格雷戈里有着丰富的经验，但依然感叹公司所取得的成就，"第一次外部审计让我尤其印象深刻，这是整个工厂向集团、生态系统和客户展示其能力的重要时刻"。事实上，该工厂始终将持续改善和自动化置于战略的核心。最近，由于生产需求的急剧增加，该工厂以世界最先进案例为参照，设计建造了新的厂房，有效降低了零部件成本，并极大地提高了生产率。格雷戈里说："市场竞争非常激烈，零部件价格在下降，我们不得不有所改变，而这也有助于我们在不利环境中维持利润和改善就业情况。"不过，面对成功，格雷戈里依然保持清醒："我们总会有跌倒的时候，因此必须居安思危。"在他上任前，工厂的转型计划已经进行，而居安思危正是格雷戈里决定继续加快转型的原因之一。

"我认为环保是多赢之路"

除了经济收益，该工厂在环境保护方面也表现得尤其出色。对于格雷戈里而言，经济收益与环境保护不相矛盾。他认为，减少浪费，尤其是减少危险产品的浪费，既能降低成本，也能保护地球，同时还有利于人类健康，从而实现三赢。例如，为回收切削油，该工厂甚至对金属屑进行压缩处理，新设备 SOL3 的切削油消耗量从每月 6500 升降至 500 升，在废物处理方面实现了正平衡。当初，该工厂被划分为不同区域，各区域采取了详细而有力的环保措施，这些措施涉及几乎所有的环境主题，如电力消耗、回收率、水资源消耗、使用溶剂数量等。每个主题均有对应的行动计划，计划的执行情况被纳入工厂日产管理工作。下一个要面临的环境挑战是电价上涨。工厂需以务实的方式解决每一个问题，"我们将装配太阳能设备，以解决电价上涨问题"。

最后，环保不但涉及工厂与员工、客户、股东、供应商的沟通，还涉及工厂与当地居民的沟通。力士工厂尽可能参与当地市长积极推进的各项行动。不过，格雷戈里认为，力士工厂在环保方面取得的亮眼成绩并未在人才吸引方面起到决定性作用，"但将来有可能会起决定性作用。目前，我们最吸引人才的地方在于工作条件，尤其是数字技术和管理组织"。

数字化是加速管理的有效工具

除了环保，工厂还从管理数字化开始，开启了数字化转型之路。格雷戈里说："通过 Fabriq（提供数字化绩效管理功能）和 ConWip（本地开发用于实时测量库存的工具），我可以实时跟踪所有工作进度。因此，我不仅可以有效参与团队管理工作，还能够快速地以批判性眼光检查改进行动。"改进的结果首先体现在快速响应上。他表示："响应速度从原来的 24 小时变为现在的即时响应。我对滞后行动有了全面了解，所以可以随时就细节问题和我的 GAP 主管们（部门负责人）一起探讨。同样，随着生产订单的数字化，我无须翻阅一堆繁杂的文件，只要在电子屏幕上点击一下即可更改优先级别，从而有效减少在制品积压和相关人力资源需求。"工厂以全面数字化管理为长期目标，"将来可以利用具体工具，或借助人工智能，根据营收情况或**准时交货（OTD）**决定管理内容"。总体而言，格雷戈里对团队的适应速度颇为满意，但也提到一些容易犯的错误，"我们要谨慎小心，不能迷路，要对每一个数字程序的应用进行经验总结，并重新审视各个流程，否则，数字化没有任何意义"。

主要挑战： 加强人才建设， 优化系统架构

只有重新考虑流程和系统架构，尤其是数据结构，改变才能长久。力士公司集体探讨了如何制定标准指标，并从全局出发考虑系统管理方面的问题。而在局部，数据应具有良好的兼容性，以便企业逐步建立数据湖，并供现场应用程序灵活使用。格雷戈里说："我们必须在总体与局部之间找到平衡点。总体视角使我们充分发挥整体力量，但过程缓慢。局部意味着灵活，但由于缺乏标准，我们无法扩大规模。"因此，通过立足现场，构建坚实的系统架构，该工厂成功建立了生产订单实时跟踪体系，不但节省了运输时间，还给客户留下积极的印象，"流程有了重大改进，工厂能够做到透明并可实时跟踪"。不过要使流程快速响应的能力完全释放，还有几个问题有待解决。首先，加大资金投入，实现机器互联；其次，确保过程之间的质量可追溯性，目前，利用统计过程控制这一成熟的控制工具，各个过程的质量控制已经非常完善，但过程之间还缺乏有效连续性；最后，人才及技能的获取是最主要的困难。格雷戈里拥有一支由制造、工业化和质量团队组成的跨专业混搭团队。他认为，通过与外界的互动，企业不难找到数字人才，但机器人和自动化专业人才则比较稀缺，因为他们需要具备硬件与软件的相关专业知识和技能。为解决这一问题，格雷戈里尤其注重岗位与人才规划管理，同时要求工厂实施的解决方案尽可能友好和易于使用，"必须像智能手机一样简单"。

而未来，工厂的员工数量可能不到200人，甚至少于50人，工作岗位和专业技能都将不同于今日。社会将发生巨变，我们需要不断地适应社会变化，而工厂只是巨变的缩影。

二 数字化和机器人化

超级制造的第二个基础是数字化和机器人化。工业企业可以利用两种技术对过程结构进行彻底升级。信息流程通过数字化使整个过程的数据转换更简单、更高速和更可靠；实物流程通过机器人化减轻员工负担，使制造过程更高效、可重复和更精确。但是，两种技术的最终目标是基于数据对未来事件进行预测，以便企业更好地控制整个制造过程，从而获得稳定性和高效率。为此，需要根据迭代原理分五步进行。数字化和机器人化如图 17 所示。

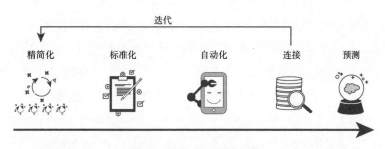

图 17 数字化和机器人化

精简化

精简化是数字化或机器人化的第一步，对浪费或重复的工作进行自动化升级没有任何意义。为此，最简单的方法是剔除过程中的浪费：避免非必要程序，加快决策速度，限制返工次数；明确职责分工，打破工作孤岛；平衡工作量与能力，利用异常警报制度，减少等待浪费和纸质文件的堆积；避免官僚主义，减少工作中断和数据的重复录入。对于实物流程，企业则需避免不必要的移动、库存，减少返工次数和等待浪费，改进不舒适的操作。要完成这一步，企业可利用**价值流程图（VSM）**，对每个阶段的增值和浪费进行检测。

企业可对当前流程进行绘制，并把绘制图共享给所有相关人员，然后剔除不必要的浪费，简化流程图。初步诊断后，企业便能轻易发现部分员工被迫在不同部门重复执行相同的工作。例如，食品行业的设备操作员需要在数字工具上录入每件产品、每个包装箱和每个托盘的编号，而紧接着，其又被要求把这些信息记录在笔记本上，然后将其输入 Excel。因为流程管理信息系统和可追溯系统之间互不相连，所以相同的信息被录入三次。许多企业尚未出于彻底简化的思路对过程进行重新思考，依然被这种荒唐事情所困扰。企业往往因为个人浪费的时间不多而不重视数据重复录入问题，但这最后可能造成员工的不满，毕竟一家无心解决员工细微困难的企业是很难具备吸引力的。

123

标准化

精简化的下一步是企业借鉴已有的实践经验，对每个步骤进行标准化。这一步与精益生产的相关原则没有太大区别。将标准纳入日常目标进行推进的管理思想又进一步深化了标准的重要性。标准化意味着最佳实践经验的借鉴与分享、预期质量标准的统一、生产方式以人为本并尊重环境以及改善过程的机会。实物流程有众多标准类型。流程标准用于宏观定义每一个阶段企业如何计划和安排生产；操作标准用于定义工作台上的零部件制造方法，如手势、姿态、要遵守的参数等；控制标准使控制点、控制方法和质量要求保持一致；组织标准基于客户要求，定义团队规模和人员分配。最后，根据流程输入和输出数据，对标准和规则进行定义也需要以相关标准为参考。操作标准使操作实践统一，同样，对于非实物流程，输入数据的格式、数据转换的方法和输出数据的格式也需要统一，以实现各工作站之间以及各个制造车间之间的标准化。例如，在食品行业、汽车机械件制造等半自动化生产线或加工、锻造、冷镦、焊装等"机加工"车间，数据的标准化为设备综合效率的测量提供了极大便利。设备综合效率涉及或不涉及哪些内容？相关的专业讨论颇为热烈。如何测量次节奏？基于何种速度对**周期时间**进行计算？工作计划是否考虑了年度停工？数据的标准化有利于在不同概念之间做一个统一的定义，从而使产品性能具有可比性。工厂可以通过共享实践经验以及合作解决问题推进其优化。由此可见，对于工厂，数据标准化和实物流程标准化均十分重要。

自动化

企业可以通过机器人化或数字化实现自动化。

机器人化

实物流程可通过机器人化实现自动化。其关键目标有三个：其一为实现繁重或危险操作的自动化，减轻人员负担；其二为通过材料物流的自动化，提高生产操作质量；其三为通过工作站机器人化，提升生产操作效率。如今，工业已为实现第一个目标而开启了机器人革命。**协作机器人（Cobot）**帮助操作员开展日常工作，或代替操作员执行危险任务。在一家卫生用品制造厂，协作机器人负责把超过 25 千克的泵运送到操作员面前，极大减轻了操作员的身体负担。在核能领域，机器人开始取代人进入污染严重的区域提炼废品。对于第二个目标，尤其是在工业物流领域，机器人化也发展迅速。受亚马逊和阿里巴巴的影响，整个物流行业正在发生巨变，各种各样的无人搬运车对工业过程产生深远影响（因此，企业需考虑这些影响，在定义未来的过程之前，首先实现过程的精简化和标准化）。无论是法国电商 Cdiscount 的爬升机器人，还是亚马逊和阿里巴巴的运输机器人，都有效减轻了人类的移动和挑选工作。在物流行业降低成本目标的推动下，机器人技术发展迅速，并很快扩展到工业领域。因此，越来越多的无人搬运车出现在成品或原材料仓库中。不过出于安全考虑及

125

心理原因（如设备操作员被完全取代），有些管理者对生产线边物流的机器人化还犹豫不决。但有的行业已经启动内部物流的转型，例如工业驱动系统制造商赛威传动，以及众多造纸厂、汽车装配车间、工业设备制造商和少数食品加工企业。

然而，这一场为提高效率和精确度而发起的机器人取代人类的运动才刚刚起步。焊装、堆垛、汽车零部件制造和钟表加工等行业正走在前面。协作机器人的出现为机器人化开辟了新的视野。未来，机器人执行组装任务或更细致的工作时，将不输给甚至优于人类。目前，许多企业正朝这一目标努力。在法国弗洛朗格（Florange），蒂森克虏伯普利斯坦集团（ThyssenKrupp Presta）的工厂测试了一款可以快速上料并自动拧紧复杂零部件的机器人，操作员只需在一旁负责操控。在美国加利福尼亚费利蒙（Fremont），特斯拉公司测试了车身螺钉固定全自动机器人，但因机器人的定位与移动运输线相冲突，测试结果不甚理想。

低代码，无代码（Low code, no code）

伴随着这场机器人化运动，信息线路的数字化也需要同步展开。为此，市场已出现不少解决方案，其常见形式为软件即服务，如现场巡视数字化（Kostango）、维护巡修（Erméo）、每日绩效管理（Fabriq）、现场运行管理（Teeptrack）等工具。解决现场效率低下问题的方案并不缺乏。但面对局部问题，企业很难找到量身定制的应用程序。因此，要找到最终解决方案，企业需根据"持续开发"原则，回到设计阶段，定义用户画像，创建用户故事，从而精确定义各项工具的具体用途。随后，企业应快速推出原型方案，以直接解决问题或更好地识别需求，并最终找到满足市场需求的解决方案。为此，许多非常简单的工具可以帮助我们在几小时内确定最小化可行产品。这便是我们所说的"低代码"。企业可以通过 Tableaux、Appsheet 等基础工具，开发定制功能，并利用结构化查询语言模拟数据收集和处理流程，以对将执行的方案进行检验。最后，培训过的专业团队是保证上述机制成功运行的重要基础。其中，持续改善团队尤其重要，它们拥有数字化技能，因此所提供的解决方案也融合了实际操作标准和数字化应用的双重特征。许多方案得以快速创建，如技能矩阵、生产订单可追溯、自动警报过程、指标数字化等。当然，由于随处可见的纸质文件已成为团队最大的困扰之一，因此，企业可以从取消纸质文件这一事项启动整个数字化转型。

127

商业案例

法国里瓦集团（Riva）：
在精益生产的基础上开启自动化之路

位于法国克雷伊（Creil）的里瓦工厂每年为建筑行业生产 14 万吨焊接网格。克里斯多夫·肖龙（Christophe Choron）是工厂"ACOR"分部领导，他曾担任里瓦在克雷伊工厂的经理。2011 年，里瓦集团只有六个月的时间解决问题，否则，工厂将被迫关闭。之后，该工厂取得了令人瞩目的成绩。"我们的产量超过 10 万吨时，我就知道我们胜利了"，克里斯多夫对这一里程碑事件记忆犹新。由于所处行业以恶劣的工作条件著称，工人们常常在灰尘遍布的环境里搬运重物，因此，里瓦工厂持续投资以提高生产率，确保更舒适的工作条件。如今，该工厂已完成预期目标。但诸多问题依然存在，如在未来几年内如何完善整个过程的产品跟踪体系。该工厂八年的转型实践为欲实现自动化的企业提供了可资借鉴的丰富经验。

128

自动化使生产率提高了50%，使可追溯性系统得以完善

2011 年启动改革计划时，里瓦集团便把可持续发展设定为目标。它所处行业面临来自低成本国家的激烈竞争。要在法国本土生产，企业就必须不断自我反思，并调整产品价格。2011 年以来，里瓦集团取得了令人瞩目的成绩，通过优化组织、确立精益生产的基本原则等，年产量由最初的 9 万吨迅速增长至 11.5 万吨。随着产能投资的增加以及部分流程的自动化，里瓦集团产量突破 14 万吨。平均来看，该公司的年增长速度达到了难以置信的 10%！里瓦集团最初以生产半金属制品为主，后来引入新的拉丝工艺。里瓦集团投入了 700 万欧元用于提高生产率，减少搬运重物等繁重的工作。当然，它并不止步于此。目前，卷盘更换占用了高达 20% 的机器运转时间，而面临的下一个挑战便是使这一时间有效缩短。该公司目前的想法是安装物联网设备，对线圈末端进行检测和预测，从而更精准地安排"拉线"时间。

里瓦集团内同步开展的还有数字化运动。监管系统已实现半自动化管理，未来几年，利用摄像头，对人员移动距离进行跟踪和测量。该公司的数据可视化将迎来巨大改善，并进一步减少不必要的移动。克里斯多夫认为："目前，人员移动时间占总工作时长的15%，这是一个亟待解决的问题，而数字技术是解决这一问题的最佳技术。"

最后，关于可追溯性，克里斯多夫补充道："能够跟踪从每一盘卷轴生产到最后的焊装网格，甚至是到最终销售的整个过程，这是工厂独有的内部优势。"要实现这一点，里瓦集团必须找到合适的技术，尤其是在这个特殊行业。但克里斯多夫对此持乐观态度，认为这只是时间和精力问题。

数据架构的运作人员必须尽可能深入第一线

除了技术，团队所拥有的自主权也是企业成功的关键要素之一。现在，一线团队已经成为推动改进的中坚力量。为了使提议能够得到有效传达，并推动具体行动，里瓦集团建立了多个工作组。同时，它还在现场安排了技术人员，尤其是自动化和数据管理人才。克里斯多夫继续说："企业内部的自动化工程师发挥了关键作用。"几年前，里瓦集团便聘用了相关人员，以确保现场信息的快速传达，他们负责联系外部供应商，完成内部无法完成的工具开发工作。

在数据管理方面，里瓦集团也拥有一套相对完整的框架，"要在这个残酷的行业中保持竞争力，我们别无选择，只能加大在这方面的投入"。里瓦集团建立了一支敢于担当、求真务实的团队，以推动内部自动化和加强信息系统管理。得益于这样强有力的措施，虽然存在争议和不满情绪，但现场数据与整体系统之间的联系得以加强，外包的信息技术工作也更加简化。

130

"精益"思想和"精益"标准是确保能力提升的两个必要基础

改变从来就不是一蹴而就的，对克里斯多夫而言，可持续成功的关键在于，里瓦集团应坚持转型之初所确定的改进之路。他说："我们没有放弃，依然尽全力坚持每日和每周例会制度。"管理者在执行现场巡检工作时，尤其注重留意和观察各项指标。

里瓦集团将逐步从纸质办公过渡到数字化办公。目前，会议纪要和行动计划跟踪已经实现数字化，剩余工作的数字化也将很快实现，这也是精益生产升级的体现。

积极主动参与企业建设的团队是持续改善的核心。管理者也乐于参加卫生、安全和工作条件委员会（Comité d'hygiène, de sécurité et des conditions de travail），无论涉及大型投资还是小型项目，"这类行动比我们想象的更重要。供应商总是倾向于采用统一标准，而我们团队会积极参与，给供应商具体的规格参数，从而迫使供应商适应我们，而不是我们适应他们"。此外，技能培训是这一切顺利开展的重要基础。工厂已启动相关计划，在每个区域设立三位培训员，将重要的专业知识传授给团队。培训内容涵盖专业工作和技术发展，尤其是自动化及速度管理。

131

克里斯多夫说："在工作条件方面，团队提出的部分改善意见常让我们惊讶不已。解决过程极其简单，但工作条件得到了显著改善，例如在生产线下方放置垃圾桶，便解决了技术员曾经需要花长时间修改程序才能解决的问题。"因此，工作布局和设计优化的根本驱动力来自现场团队，而不是高层领导。

提到未来发展，克里斯多夫希望通过对产品周期的深入研究来减少污染。里瓦集团所处行业的优势在于钢材可以100%回收利用，这也是该行业向前发展的重要价值。

连接和迭代

机器人化和/或数字化的下一步是确保数据流程的连续性。我们在概念验证阶段，就要考虑到数字连续性，因为连续性可以增强可扩展性，并节省大量时间。连续性的实现一方面通过硬件，如机器人之间的连接、机器人与监控系统或生产系统的连接；另一方面则通过数据交换协议。为此，企业必须定义一套目标架构，并使该架构与现场新创建的应用程序相连。此处建议的方法不是坐等所有应用程序到位后才创建目标连接，而是企业通过测试与学习方法，直面复杂问题（例如，如何与ERP交互），向现有应用程序的复杂混乱局面发起挑战，各个击破，而不必等待"三年安装新ERP"式的大型解决方案。因此，这是一种"小批次"而不是"大批量"的转型方法，其关键在于逐步解决问题。它是避免问题的汇集以及规避 V 模型的方法，V 模型可能导致企业为一个不确定的结果而消耗大量时间和精力。

132

快速连接新过程能够带来立竿见影的改进效果。例如，企业对每台 AGV 的路径进行研究，可以绘制出更优线路，从而在必要时对 AGV 路径进行优化，使其更高效、更简化、更标准化和更自动化。同样，对于数字应用程序，从数据被上传的那一刻起，添加的智能模块将通过数据分析提出流程的改进建议。例如，绩效管理数字化工具可以跟踪反馈问题及所采取的解决措施。各种各样的应用将催生新的需求，如要解决数据格式问题、问题解决过程的审查、重复出现却无人解决的特定问题等。简言之，连接即意味着利用集体力量创造更多价值。

预测

预测是过程改善的最后一个步骤。一旦数据上传并用于每日管理工作，企业便可分析参数之间的相关性，建立标准数据模型。其意义在于，模型越强大，过程预测则越准确。许多工业企业已尝试预测性维护，如施耐德电气的法国沃德勒伊（Vaudreuil）工厂。

预测机制还适用于质量和过程异常检测，如检测奶酪生产过程中的细菌风险，又如钟表行业识别生产流程上游相关组件的调整与摆锤运转故障之间的关联性。此外，企业还借助 ERP 供应商提供的专用模块，尝试获得更精确的销售预测结果。目前，人才缺乏依然是预测机制改善的主要障碍。技术飞速发展，数据越来越多，并开始结构化。然而，定义正确的参数组离不开一支优秀的专业团队，只有数据科学家才善于开发过程数据学习算法，但他们更倾心于制造业以外的产业。不过，制造业的巨大潜力将在未来几年逐渐显现，如预测机制的改进将帮助化学工业、食品行业提高收益，助推奢侈品行业、制药业提升质量，助力重工业、机械行业完善预测性维护。

133

商业案例

索迪斯塔（Sodistra），始终如一的超级制造

坚定信心，化困难为机遇

贡捷堡（Château - Gontier）位于法国马延省（La Mayenne），地处三个经济活跃的城市集群之间，以历史悠久和风景优美著称，是众多企业的聚集之地。五年前，埃尔文·卡特那（Erwan Coatanea）决定在此地投资，收购了一家生产新型空气处理系统公司。

离开市中心不久，埃尔文便带我们前往参观他收购的工厂。工厂藏于一片现代建筑中，很难被发现。这里的工业区与风景融为一体，企业为保证环境的干净整洁采取了许多有效措施。埃尔文稍显严肃地说："在收购索迪斯塔不到四个月的时间内，我和妻子遇到重重困难。劳动就业督察员告诉我们，这里的一切都不符合标准。"不过埃尔文已身经百战，他

134

刚踏入汽车制造业时便才华显露，负责管理一个千人团队。但大型集团反而限制了他的发展，他决定离职，接管一家中小型铝型材企业。这两次经历为他进一步发展奠定了基础。收购工厂几个月后，根据督察结果，埃尔文需要在合规性上投资数百万欧元，这无疑是一个巨大考验。

埃尔文天性乐观，受到打击之后，还是决定解决问题，化困难为机遇。经过慎重考虑，他决定建造一栋新大楼。盖楼和购置设备费用达 800 万欧元，风险巨大以至于一开始没有人相信他。五年之后，索迪斯塔的营业额约增长近一倍（2013 年营业额为 500 万欧元，2019 年为 900 万欧元）。成功的关键是什么？埃尔文不仅投资，还对公司进行彻底改革，其转型计划是"征服昨天、今天和明天"。

计划的背后是技术和管理的重大变革，尤其是工作条件的巨大改善。因为对于埃尔文来说，组织系统始终以人为本，而这也是管理层与员工之间相互尊重的体现。

执行速度： 中小企业的重中之重

经过一小段车程，埃尔文带我们来到新工厂的停车场。映入眼帘的是超现代建筑、修剪整齐的草坪、全玻璃接待大厅，整体环境呈高科技风格。进入工厂后，文化冲击给我们一种仿佛置身于美国加州初创企业的感觉。

这里的办公场所不同于平常所见的工厂办公室，更像蜂巢。在开放空间里，充满活力的年轻工程师与经验丰富的老员工并肩工作。与现场几位工作人员交流后，我们发现领导者的推动是激发活力的重要原因。其中一位员工笑着说道："总经理每天有 40 个想法，有时让我们疲惫不已。"事实上，从一开始，执行速度快便是该公司成功的关键原因之一。为加快流程速度，生产车间里的一切都被重新设计，例如该公司对上游进行大量投资，以加快3D图转变为实体的速度；高度自动化；采用集成软件，以优化板材切割，并避免工作站之间的库存；项目可视化管理等。要实现差异化并赢得客户，响应时间的缩短至关重要。埃尔文反复强调这一点："客户始终是我们工作的核心。"

除了纯粹的技术变革，埃尔文将思想的改变视为前进的动力，尤其是管理者思想的改变。他说："一方面，我在现场花费了大量时间，尽可能解释清楚我所做的决策；另一方面，每个人都需要了解决策缘由。"为了确立这种更快、更敏捷的企业管理方式，组织也需有所改变，尤其是中层管理组织。埃尔文坚持认为："一线人员与高管之间产生隔阂的时代已经过去了，中层管理者必须向现场人员简单清楚地解释各项决策，否则如何期待现场人员达到预期目标？"最后，招聘政策是提升活力的重要杠杆，公司必须在充满能力的年轻人和经验丰富的老员工之间找到适当的平衡。对于工作年限很长的老员工来说，发展是关键，埃尔文总结道："要改变，而不是焦虑。"

倾听、开放、诚实：与外界建立持久联系的三个基本价值观

埃尔文与当地企业家俱乐部、法国"French Fab"委员会、法国投资银行加速器、客户、供应商、当地政府等机构建立了广泛联系。不过，广泛联系并不意味着资源的分散。埃尔文说："我们与其他人、机构建立联系的要旨是倾听和观察正在发生的一切。这是一个自然发

136

生而不是立见成效的过程。重要的是对外开放，然后像农夫一样，等待农作物自由生长。"

采取行动时，企业必须谨慎并遵守以下指导规则：首先，仅执行已经理解透彻之事。团队必须着眼于现实，用行动创造历史，而不是讲述历史；其次，始终将客户置于核心位置，并重视合作伙伴，因为他们是公司与市场的连接纽带；最后，善于平衡关系，尊重所有参与者、客户、供应商，创建多赢局面。埃尔文用数学映射解释这种观点："我喜欢双射，甚至是单射关系，但反对满射。"

埃尔文提到的一个小故事可以概括这一理念。在索迪斯塔休息室，桌上足球桌旁摆放着几台忙碌工作的 3D 打印机，桌下方的盒子里整齐排列着二十几只蓝色塑料公鸡。2015 年，埃尔文因为对 3D 技术好奇，购买了这批硬件，但机器买回来后就被闲置了。后来，一位新来的年轻员工表现出对 3D 打印的极大热情，并开始对机器进行测试和训练。埃尔文建议测试打印 "French Fab" 委员会的标志——"蓝色公鸡" 标志。测试结果很成功，自那以后，这些机器长期处于运转状态，为投资银行组织各项活动生产了许多 "蓝色公鸡"。3D 打印技术与索迪斯塔的核心业务无关，但不失为一次充分利用外界联系而完成的华丽探险。该公司也因此而获得了 3D 打印人才，并能够利用该技术开发未来的系统。

快乐和渴望是发展的动力

在强劲增长和业务转型的大背景下，如何招募和发展团队？索迪斯塔的答案是，激发团队自身的渴望和动力，其重要性甚至超过技术能力。埃尔文如此解释："找到渴望学习并为实现目标而快乐的人是非常重要的。"最佳学习方法是关注如何解决问题，而不是被问题约束，一切以行动为导向。公司要想发展，必须重视实践。学习机会越多，技能转化为有效工具的概率就越大。同时，团队成员还要接受培训，以获取新的技能。领导者本身也扮演着重要角色，他们必须确保从员工聘用到培训的整个流程通畅无阻。此外，领导者还需为团队配齐所有工具，尽可能为他们获得成功提供机会。

在整个过程中，埃尔文明确推动改革，提出愿景，加快流程，使公司与生态系统紧密相连。围绕埃尔文的是一个即便面临困难，也不会退缩，勇于超越自我的团队。总体而言，团队每位成员的不懈努力才是索迪斯塔取得今日成就的首要原因。另外，索迪斯塔的成功还离不开员工家人的支持。埃尔文经常提到他妻子始终如一的陪伴。因此，改革是该公司要坚持的事业，而且是人性的冒险。

138

在索迪斯塔，超级制造或许可以用埃尔文的一句话总结："全力以赴，加油冲刺。"

三　组织以人为本，打造培养人才的沃土

组织以人为本，打造培养人才的沃土是超级制造的第三个基础。要实现对超级制造两大支柱的支撑，并持续创造价值，工业必须重视现场工作环境的持续改善，打造培养人才的沃土，如图18所示。为此，工业首先要吸引人才。吸引人才的关键是开放环境和建立可持续流程。

开放环境

以人为本

持续性

图18　组织以人为本

以人为本

如何创建以人为本的组织？以人为本看似概念模糊且带有些
许乌托邦色彩，却在工业领域变得十分具体：尽管部分工业进程
的自动化和数字化程度较高，但如果询问任何一位管理者工业系
统成功的主要原因，其回答几乎是高度一致的，即人是系统的核
心。因为，在新范式下，人的差异化主要体现在自适应能力、快
速学习能力、预测能力、实时规划和管理绩效的能力，以及利用
同理心理解流程和客户需求的能力。每一种能力都要求人的深度
参与和人与人之间的高度协作。

会学习：持续发展专业技能

世界经济论坛最新研究表明，到2025年，全球机器工作时长的
比例将从30%上升至50%。① 技术遵循摩尔定律呈指数级增长。几
年来，物联网、大数据、区块链、人工智能，以及量子计算等技术

① World Economic Forum, *The Future of Jobs*, Report 2018, 17 September 2018.

相继出现，我们很难单独评估其中某种技术的实际潜力。另外，可
以肯定的是，人类必须快速发展专业技能。行业对基础能力的需求
将逐渐减少，而对分析技能、共情能力、创造能力、写作能力的
需求会越来越大。[①] 重复性工作面临淘汰，规划和解决复杂问题成
为刚性需求。物流、质量、计划和维护等支撑部门面临深度变化，
与执行任务相比，标准制定、培训、问题解决将显得更为重要。

　　技术能力也随之发生巨大变化，部分迹象已经在领军企业出
现。新的岗位诞生，如赛威传动的 AGV 主管、司米集团的信息
技术员、施耐德电气维护部门的增强现实（Augmented Reality）
主管等。这场大规模重组运动刚刚开始，未来，软件和机器人可
以分别完成方法工程师和质量管理员的部分工作，而移动机器人
甚至可以完全取代物流人员。

　　尽快改变人员组织的企业将有机会领先对手一步。为此，有
两点值得思考：其一，这些企业提供在职培训，提高员工综合能
力，确保企业拥有持续定义关键技能的能力；其二，这些企业招
募能够快速适应变化的新型人才。快速适应能力非常重要，因为
尽管业界开展了大量预测研究，但我们依然无法轻易断言十年后
企业需要什么人才，因此，"会学习"是重中之重。

140

---

① McKinsey Global Institute, *Skill Shift. Automation and the Future of the Workforce*, Discussion paper, mai 2018.

以人为本的设计

组织以人为本的一个重要体现是，定义现场工具时，将人的因素纳入考虑范围。因此，企业需要细心考虑最终用户的需求和使用舒适度，用开发面向市场产品的精神去探索工作解决方案。设计思维是实现这些目标的最佳方法之一，本书的"原则二 超级制造之核心：持续开发"一章已多次提及这一观点。但是，再好的方法也需要有人来执行，因此，专业设计人才必不可少。同时，管理层也需要提供支持，留给现场人员充分的时间，正如现场人员有专门时间推进持续改善一样。例如，创新机器人设计院 ATS 利用设计思维，以提高员工的参与度，改善内部流程，审核提升客户价值的建议。每位员工可利用5%的时间参与相关工作。过程开发部门与产品开发部门之间的互动是最先进组织的重要特征。博世罗德兹工厂采用了相同的原则，把设计内部生产设备的方法复制到外部，并创建了专用产品线。博世的预测性维护也借鉴了这一思路。因此，设计思维的应用从设计延伸至其他部门，进一步提升了员工的改善主动性。

超级经理、超级高管、超级股东

系统框架设定后，转型的关键在于执行力，尤其是管理层的执行力。无论是精益生产还是超级制造，工业转型均离不开执行力强的管理层。管理层提升执行力的路径依然不变，如现场巡视、绩效评估、问题解决会议、积极观察等。

　　"超级"经理是精益经理的升级版，他们勇敢大胆、敢于冒险、专注学习，对未来充满信心。创新的另一面是冒险。要使创新有所成效，企业自下而上必须保持高度一致。因此高管们（首席运营官、首席执行官、首席技术官、首席财务官等）必须调整其管理风格，以身作则，提高全体员工的责任意识。这样的例子比比皆是，如特斯拉公司的埃隆·马斯克、JPB 系统的达米安·马克（Damien Marc）、索迪斯塔的埃尔文·卡特那、Alfi 科技的雅恩·若贝尔（Yann Jaubert）等。

142

　　超级管理系统离不开股东的支持。颠覆和创新可能导致投资收益不稳定，但股东需与这样的战略保持一致。著名硅谷风险投资家亚历克斯·霍洛维茨（Alex Horowitz）如此总结："要长线投资，而不是对点投资。"换句话说，我们不应该只关注短期利益，而应看重企业的学习能力以及拓展潜力。时至今日，投入工业领域的创业资金依然较少，欧洲制造业占其 GDP 的 24%，[①] 但只吸收了不到 10% 的风险投资。因此，要改变股东结构，使其适应工业颠覆所必须面临的风险水平，我们还有很长的路要走。

持续性

　　人始终是创建和维持组织生命力的关键因素，但在工业企业

---

① 该数据是 2017 年世界银行的数据。

决策和方向制定方面，环境保护因素将变得越来越重要。环境保
护涉及产品、过程和实践的节俭，也要求优化工作环境，如生产
车间及生活区的美学设计。

节俭环境

节俭是超级制造的主要目标之一（见"原则一 超级制造
之目标：超越"以客户为中心"）。自产品设计阶段，企业就
需要考虑原材料、零部件供应地、生产过程中产生的污染等问
题，并思考这些问题对产品整个生命周期的影响。例如，目
前，电动汽车引起了一定争议。与传统汽车相比，电池的生产
及回收消耗了更多能源并产生了更多二氧化碳。据专家推测，
电动汽车需要行驶 5 万～10 万公里才能展现出比传统汽车更
大的碳排放优势，具体数据取决于不同地区的电池生产模式。
企业生产每件产品时都需考虑上述问题对产品生命周期的
影响。

工厂的消耗也需注重节俭。施耐德电气的沃德勒伊工厂
（见下文商业案例）和加拿大力士公司的圣旺－洛莫讷工厂均采
取了节俭措施。这些措施为公司节省了数十万欧元，且提高了工
厂的吸引力。

优雅、清洁、融入生态系统

很少有人会把工厂与优美画上等号，而瑞士沃洲（Vaud）
和汝拉溪谷（Vallée de Joux）工业园则打破了这种既定认知。

瑞士钟表企业在工厂的美学设计上投入了大量资金。这种做法看似徒劳，但确实是许多先进企业的共同特征之一，如施耐德电气法国工厂、索迪斯塔、力士航空技术、法国尚飞等。JPB系统首席执行官达米安·马克则走得更远。他指出："生产线要有较高的喷漆质量，企业就必须重视设计。"特斯拉公司和瑞士钟表企业并非孤例，我们完全可以打造出比肩高科技实验室或初创孵化器的工厂环境。

这一点为何重要？因为优雅是工业尊重环境的标签和象征。谁愿意在一片荒芜的工地上生活和工作？同样，精心设计的工作空间和开放空间是管理层重视员工的标志。玛氏公司的阿格诺（Haguenau）工厂曾多次被评为**"最佳办公场所"（Great Place to Work）**。该公司最近对开放空间进行全面翻修，以减少噪声，营造开放的协作空间。翻修的结果出乎意料的好，多达200人的场所几乎没有噪声。最后，精益生产的重要工具5S助力工厂进一步优化，5S可以确保工厂的整洁及标准化。超级制造在强调美学的基础上，推崇同样的观点。

开放环境

"超级"工厂是开放的。首先，颠覆创新需要各种各样的人才，一家企业独揽天下人才的可能性微乎其微。其次，要满足市场的柔性需求，工厂内外部门、各分厂之间、工厂与供应商之间必须通力协作。最后，成熟的供应链已经越来越多地采用直接数字流程，而产品开发流程也需从中有所借鉴。例如，在汽车制造业，协同即时创造已然成为必要选项。在废品管理、能源管理或消耗品采购管理等非核心领域，流程也将呈现数字化趋势。部分工厂甚至把供应商请入厂内，如标致雪铁龙集团的雷恩（Rennes）工厂在生产线边为子零/配件供应商安排了专门位置。混合式供应链正变成现实，工厂内外均是如此。在颠覆性的模式中，工厂与生态系统直接相连，以实现"超级城市"目标。例如，为促进水力发电厂平衡发展，且考虑到城镇白天电耗量更大，里瓦集团与法国电力公司（EDF）签订合同，计划将公司的用电高峰时段安排在夜间。

开放意味着商机。如前文提到的维伦姆公司通过转租喷涂生产线而降低投资成本。临时共享生产线是工厂之间协作的首要方式之一，且实现起来相对容易，因为产能闲置的情况总会出现。此外，建造一条永久性出租的生产线则比较少见，也更具颠覆意义。工厂之间的开放也催生出新的商业模式，如买卖双向交易平台，例如瓦罗玛（Valomat）采购航空业未利用的库存产品，然后再进行转售。这些平台为工厂提供了增长机会，也通过更好地配置资源（原材料、能源、设备产能、人员）改善了工业环境的生态足迹。

商业案例

施耐德电气：以人为本，增加吸引力

塞纳河沿岸分布众多工业基地，为数不少且拥有悠久历史，如位于沃德勒伊的施耐德电气。施耐德电气沃德勒伊工厂建于1975年，目前已成为法国的领军企业之一。在全球化组织和管理大背景下，该工厂依然坚持留在法国继续生产。它凭借实力多次被评为"未来工业窗口"，引来众人参观，包括客户、前来学习的当地工业企业，以及学生等普通民众。维吉尼·里戈多（Virginie Rigaudeau）和埃马纽埃尔·莫里斯（Emmanuel Morice）接待了我们，并向我们介绍了工厂如何转向超级制造。维吉尼隶属于"全球供应链"部，负责工厂公共关系事务。埃马纽埃尔则从25年前的普通操作员一路晋升为工厂经理，他见证了企业的活力是如何推动员工晋升、提振士气和丰富职业选择的。

数字化推动整体加速转型

当被问及数字化转型的起因时，埃马纽埃尔和维吉尼都提到，大多数隶属于大型集团的工厂曾经面临局部与整体的二元对立矛盾，"我们在规划工厂未来发展战略时，得到了集团总部的支持。集团通过横向举措及地方能源支持政策，助力工厂的转型"。一开始，该工厂的总体目标便强调数字化带动发展。质量、成本、交期和环保四大传统指标并不是相互孤立的，"我们希望加强质量标准控制，为客户提供更好的服务，与供应商联系更紧密从而缩短交期，同时还能通过制造执行系统、协作机器人、物联网等方案提高生产效率"。数字技术还有利于环境保护，而后者已被视为企业的重要竞争力之一。

147

卓越的环保措施

施耐德电气沃德勒伊工厂在这方面取得了令人瞩目的成就。埃马纽埃尔未参与项目的前期工作，因此，维吉尼讲述了工厂如何逐步开展工作，使建筑能耗降低了 10%。维吉尼解释说："我们设置了建筑能耗监控单元和指标显示板，之后很快便确定了重要的能耗节省项目。"由能源效率技术员及精益专家等人组成的团队开始一一击破各个问题，如空调管理、热泵使用、安装低功耗照明 LED、压缩机能源回收方面的问题。建筑部分工作完成后，该工厂开始降低生产过程中的能耗。为了控制压缩空气，该工厂开始对气体泄漏进行追踪，即便是最不明显的漏气。工厂还计划解决一些技术问题，如通过对电机的调速而优化电机的运行。埃马纽埃尔说道："长期目标是投资不同项目。同时，在新设备安装之前，公司需将最新的规范整合到新设备的技术细则中。"通过努力，沃德勒伊工厂未来三年还将减少 10% 的能耗，使工厂的总体能源费用节省 20%。

"可持续发展" 使企业变为人才的 "沃土"

但是，环保收益不能只依靠一线员工，而应该成为整个集团愿景的一部分。施耐德电气计划执行更多结构性行动以推动环保事业持续发展。因此，施耐德电气首席执行官赵国华（Jean - Pascal Tricoire）将这一点视为公司基本目标之一，并要求管理者将其纳入工作议程。多项举措表明，环保已经对商业模式产生影响，施耐德电气已有一家专门致力于循环经济的工厂。许多内部解决方案（如增强现实方案）推动了技术的进步，并转变为可供销售的商品。此外，环境可持续发展计划带来的收益不仅限于经济方面。维吉尼和埃马纽埃尔认为，自启动数字化和零碳计划以来，施耐德电气对人才更具吸引力。许多当地的年轻学生来工厂参观，对工厂的生产工具表示出兴趣，被工厂设定的可持续发展宏伟目标所吸引。"可持续发展"使企业成为吸引和培养人才的"沃土"。

149

超级文化意味着培训、沟通、打破工作孤岛、改变姿态

转型的过程从来不会一帆风顺。埃马纽埃尔和维吉尼提到了几个成功的先决条件：首先，企业应打破工作孤岛，并在转型之初便应考虑商业组织与工业组织的结合。埃马纽埃尔坚持认为："对于以销售整体系统为业务的公司而言，这一点尤为重要。"因此，公司需加强内部沟通，定期组织协调会，分享进展，为数字工业转型注入活力。例如，公司组织"智能"游览活动，使所有员工了解已实施的解决方案，并鼓励他们在自己的工作中借鉴这些方案。其次，高层管理者发挥着至关重要的作用，总经理和中层管理者的支持是转型成功的关键。埃马纽埃尔的职业生涯始于生产第一线，他非常了解现场工作人员的沟通方式，是一位具有榜样力量的工厂经理。再次，企业转型的成功离不开培训和教育，各类培训在质量、物流等各部门接连展开，以传播知识和技术。最后，管理姿态应转变。埃马纽埃尔认为，未来的管理者必须做好协调工作，使技术人员和现场团队能够协同协作，尽可能创造更多价值。他说："技术人员与现场团队没有共同的工作语言，管理者必须协调两者关系，使团队更好地利用数字化。"

150

开放、合作、快速、以人为本

20年后的工厂是什么样的？埃马纽埃尔坦诚地说，他对此一无

所知。科技发展如此迅速，即便是预测 6 个月之后的工厂也并不容易，更何况是 20 年之后的工厂。但可以肯定的是，集体将扮演越来越重要的角色。而另一件可以确定的事情是，20 年后，工厂有可能淘汰碳能源，接近零排放。

埃马纽埃尔说："作为经理，我最美好的回忆是和同事一起取得胜利，集体的力量将随着数字化的发展变得更加强大。"他还解释了传承的重要性："在数字科技方面，年轻人比我快 10 倍，我希望他们能够握住接力棒，并充分表达自己的想法。"在维吉尼和埃马纽埃尔看来，无论形势如何变化，未来的工厂将对其生态系统越来越开放，这也是工厂获得成功的前提。最后，速度永远至关重要，"我们要提高实时管理数据的能力，提高决策速度，抛弃依赖'互发邮件'解决问题的传统"。在展望未来之前，埃马纽埃尔回顾了他最大的收获之一："我们一同促进公司的发展，使客户满意，能够在欧洲生产极具成本竞争力的产品，这就是最大的胜利。"

151

从精益生产到超级制造：基础，如图 19 所示。

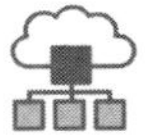
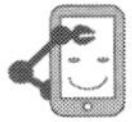
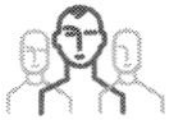

精益生产	超级制造	延续	升级	改变	革命
敏捷的人员和机器	以数据为中心的敏捷架构				●
多种技能					
	敏捷的信息架构			●	
	数据中心主义				●
稳定且标准化的流程	机器人化和数字化		●		
标准操作程序			●		
5S现场管理法		●			
全员生产性维护方法		●			
快速换模		●			
	非物质化		●		
	机器人化		●		
	3D打印			●	
	增强现实		●		
	大数据和异常预测			●	
现场绩效管理	组织以人为本，打造培养人才的沃土		●		
现场巡检			●		
绩效评估			●		
解决问题			●		
技能发展				●	
	开放环境				●
	持续性			●	

图 19　从精益生产到超级制造：基础

提前准备

　　企业如何实现转型并向超级制造迈进？首先，要认识到超级制造涵盖一系列原则，企业可以根据具体情况采用相应原则或进行适当调整，而绝不能僵化地生搬硬套；另外，企业需要从已有的转型经验中汲取基本教训。超级制造转型之路充满风雨，企业如不愿意向困难低头，何不提前做好准备？

一 1001种"特殊情况"

"的确，我们这里的情况有些特殊……"这是我们提到工业变革时常听到的一句话。这句话并非完全错误，每个企业都有自己的特殊情况。每个生产系统都有所不同，而实践标准的缺失导致尚无人找到制造业数字化转型的万能"处方"，直接复制粘贴他人经验可能非常危险。这一点与数字行业有较大区别，在数字领域，我们可以通过标准协议实现更便捷的连接，而其他系统的升级经验可以为自己的系统升级提供坚实的基础。

如今，各行业、专业、部门等都可以从超级制造中受益，但要实现收益的最大化，它们则必须制定自己特有的转型方案。 153

超级方法

对于各工业企业而言，超级制造的关键有两点，即事半功倍地提升竞争力以及调整其价值主张。而每个行业围绕这两点又有着各自的具体特殊情况，因此也需要采取与实际情况相符的策略。

例如，农业食品加工业主要面临的是可追溯性问题。据2018年食品诚信中心（Center for Food Integrity）调查显示，只有33%的消费者对食品安全有信心，而一年前这一比例为47%。众多食品丑闻使各品牌正在为缺乏透明度而付出代价。因此，有必要恢复消费者对整个食品生产链的信心。消费者关心食品生产过程中原材料的来源和质量、整个生产过程对环境的影响，以及动物的处理方式。要提高透明度，企业需要完成组织与技术（物联网技术、区块链技术）的双重融合，也需要加强生产和分销之间的联系，更要改变自身的生产模式。

要保持竞争力，食品加工业需应对双重挑战：一方面，在分销压力和原材料价格波动的背景下，寻找合适的方式以降低成本并维持利润率；另一方面，推进人机工程改进，打造舒适的工作环境，提高行业对人才的吸引力。为应对以上挑战，企业需要提升自动化和机器人化程度，采用大数据以提高流程收益，转变管理模式以支持员工的发展和转型，从而加快问题的解决速度。

奢侈品行业与食品行业有些类似，也面临可追溯性问题。不过，消费者提出的问题主要与产地有关，产地对奢侈品品牌的形象有很大影响。除此之外，动物皮革处理、纺织品分包厂商的工作条件（安全问题、雇用童工情况等）、稀有宝石的开采等道德问题也影响着消费者对品牌的印象。因此，企业可以利用区块链技术改造供应链，对分包商是否遵守产品技术及社会规范进行跟踪。同时，时尚秀数量的迅猛增长对奢侈品企业推出新系列产品的速度提出了更高的要求。企业要保持竞争力，必须大幅缩短产品上市时间和通过时间。企业一方面可以优化组织；另一方面可以利用新技术（如协作工具、数字化管理工具）推动变革，以更好地根据实际产能和需求确定项目中不同专业之间的优先顺序。

　　在竞争力方面，行业的主要挑战是保持无可挑剔的质量和"手工制造"的形象。这要求企业在外观缺陷检测程序上合理利用自动化和创新技术，同时推动标准创建和管理方法在整个价值链上的实施。

155

　　在 B2B 领域，航空制造业在业务上面临与奢侈品行业类似的挑战，即制造时间过长，厂商不得不花费大量时间检查物流链，以确保其足以应对产品生产周期长的挑战。但与奢侈品行业不同的是，航空制造业的复杂性主要是由生产链环节众多且各环节之间信息不对称导致的。著名的"长鞭效应"（Bullwhip Effect）表明，需求端的微小波动会沿着供应链逆流而上，导致信息发生很大偏差，因为供应链各节点只根据下级节点的需求进行决策。解决该问题的主要方法是确保整个过程各环节的透明度和信任度，因此，企业需要制订合理的销售与运作计划，建立实时相互连接的信息系统（如**制造资源计划**）。在竞争力方面，航空制造业面临日益严重的价格战，需要对基本制造技术进行创新，以满足日趋严苛的质量要求。增强现实和数字化可以帮助企业开展相关培训，以应对上述挑战。飞机和汽车一样，变得越来越智能化，因此航空制造业企业需要推动内部技能和技术的升级，以开发出越来越智能的系统，以从"机械"世界过渡到"数字化机械"世界。

　　重工业面临的挑战则来自市场价格与原材料价格，前者极易受需求变化的影响，后者则在很大程度上取决于地缘政治事件。

对于这个资本密集型产业，惯性非常重要。两种价格的高度不确
定性促使重工业节约制造设备成本，并建立全球化的工业基地以
分散风险，而每个分厂和部门都需要变得更加敏捷。因此，重工
业可采取的方法包括技术和组织方法。在技术上，重工业企业应
利用自动化、机器人化、流程的数字化等，而在组织上，重工业
企业则应提高执行和决策过程的灵活度。

156

最后，化工业面临着与重工业相似的挑战，创新周期缩短，
监管环境日益严格。因此，化工企业需加快产品开发速度，确保
产品可追溯性，注重环境保护，以提高生产竞争力。

各专业①的超级方法

除行业外，工业界还可按照专业分类。现场工作人员对专业
分类有更直观的感受，例如，机械加工企业对自己的定义首先是
根据专业，而不是根据其服务的市场（汽车、航空、铁路等市
场）。专业决定公司所需的技能和投资方向，并间接造就了企业
文化。过程工业②（如炼钢业、锻造业、轧钢业、化工业以及食

---

① 制造业公司（如法国 PSA 集团）有项目组和专业一说。项目组是为特定产
品开发而成立的团队。专业是开发团队按功能或技术模块细分的业务组，比
如动力总成专业就负责发动机变速器相关的模块功能开发，涂装专业就负责
涂装工艺相关的开发。——译者注
② 过程工业也称流程工业，是指通过物理变化和化学变化进行的生产过
程。——译者注

品加工业、医药行业或化妆品行业）属于围绕"人"展开的工业，其专业难度大，颇重视互助。在机械专业，技术人员占主导，工程师无处不在。组装专业强调组织管理的重要性，管理方法以垂直管理为主，高度重视严格和标准化，工作文化以纪律为核心。

157

有些方法适用于所有专业，例如，绩效管理数字化可以帮助各专业加快循环，以及提高解决问题的速度。但大多数情况下，专业不同，企业所采取的超级制造转型方法也有差异。

例如，与过程工业相关的专业向超级制造升级的过程中，必须完善生产参数的数据管理。这类专业可以利用大数据，避免非必要的数据清洗，或根据限制条件优化生产顺序，从而提高效率。其综合效率的改进潜力可达 5%~15%。此外，"资本密集型"专业还可以根据基础机械参数，提出预测性维护计划，以提高机器的利用率。最后，实施跟踪生产计划的执行情况能够有效提高响应速度。

机加工、冷镦、冲压等专业可以利用射频识别等技术优化可追溯性，通过精细调度以优化流程，发挥数字连续性的优势（短循环周期、减少创建计划和工艺的工作量等），以提高研发办公室与生产车间之间的响应能力。在专业人力紧缺的情况下，这类专业还可以引进增强现实技术以加快培训周期。

在手工专业，如转配、手工艺专业，数字化能够提高实时管理能力和"敏捷"的标准化水平，还可优化不同生产阶段之间的连接，实现办公无纸化，避免重复输入数据。此外，机器人技术可以帮助该专业建立更符合人体工程学的工作台。手工专业可利用3D打印技术制作快速原型，以"敏捷"的模式开发新产品。

158

半自动化生产线可以采用与组装专业类似的方案，并在此基础上增加外观缺陷自动监测程序。此外，增强现实技术、维护和生产的数字化跟踪系统均可帮助企业加强自主维护能力。

各部门的超级方法

每个部门也因各自的特殊性而需采用不同的方法。

质量部门可以利用发展迅猛的物联网技术，建立覆盖范围更广、更精确的可追溯系统，例如，我们可直接通过奶酪信息查询到产奶的母牛编号。在日益复杂的工业系统中，如果要持续改进产品或在必要时召回产品，那么确保每个零部件或子总成①的可追溯性至关重要。质量部门还可以利用人工智能和机器视觉技术，更精准地根据规格判断产品的好或坏，并实现自动化分拣。

生产部门的超级方法则是综合使用软件与硬件。在硬件方面，生产部门可利用协作机器人改善人体工程学条件，利用物联网技术提高能源效率，以及利用增材制造技术缩减生产步骤；在

---

① 子总成是工业产品零部件的一种称呼。——译者注

软件方面，生产部门可通过增强现实技术有效避免错误并更快地开展培训，利用数字化运营标准以提高效率，以及利用性能实时监控系统以提高响应能力等。

维护部门可以利用上文提到的预测性维护，还可以对工具或系统进行数字化升级，如现场巡检、计划、上报干预行动、订购备件等。

在工业化阶段，3D打印技术可以加快循环，数字协作工具能够有效避免返工程序，连续性数字工具（如**产品生命周期管理**）可以大量减少计划、工艺、操作方法等内容的手动创建工作。

与其他部门相比，物流部门在超级制造的转型之路上遥遥领先。在亚马逊等销售平台的推动下，许多工厂已经为内部运输配备了无人搬运车，并利用仓库管理系统或仓库机器人进行仓库管理。

每个行业、每个专业和每个部门都有自己所需改进的领域，因此也需采用与此对应的改进技术。除此之外，企业也需拥有因人而异、对症下药的企业文化。只要提前准备，无论其所属行业和规模大小，每家企业都可以通过超级制造抓住新的机遇。

二 不能丢弃的"极客"精神

持续改善的传统方法已经广为人知：建立由技术员、操作员和精益生产专家组成的跨专业混搭团队；在相对较短的时间内集中精力解决问题；鼓励立即行动；然后在管理上进行革新（如现场巡检、审核等）。每周重复几次上述行动，工业系统终将迎来改变，并将持续获得改进。

但是，数字技术正颠覆这样的传统模式，并给现场工作团队造成巨大困扰。从传统工业文化来看，这种反应是可以理解的。长期以来，在安装 ERP 或其他大型系统时，信息技术团队需承担"系统护卫"一职，给其他团队带来一种"这些工作只属于信息技术团队"的印象。许多工业企业在数字化升级过程中，采用与传统升级相同的团队组建模式和转型方法，如观察、列出浪费问题、提出解决方案等，然后再咨询信息技术团队，并期望信息技术人员直接接手任务或制定技术规范，以便将任务外包出去。而现实情况是，信息技术团队很少直接接手任务，最终导致升级周期变长，团队学习技能的速度变慢，无法完成迭代，而迭代对于建立数字项目至关重要。

要走出这种困境，企业首先要反思原有持续改善团队的结构。除上文提到的技能以外，团队还需吸收两类新成员：产品经理和设计师。产品经理负责建立使用情况、解决方案、信息架构三者之间的联系；而设计师则帮助发现问题，并站在用户的角度，定义更易于使用的问题解决方案，让使用过程更流畅。最终，一支具有"极客"精神的多技能团队将帮助企业完成变革。但是如何组建团队？如何定义团队与转型计划之间的关系？如何更顺利地改造信息技术团队？

迄今为止，可以一劳永逸解决上述问题的通用方法还未出现。不过，我们依然要有相关对策，以避免企业跌入转型的陷阱：首先，目前优秀的产品经理和设计师主要集中在技术领域，尤其是 B2C 市场。但一些科技巨头已经将 B2B 视为下一个风口，并朝着这个方向组建团队。例如，腾讯已经将目光投向工业互联网。在未来几年的市场上，具有专业知识和丰富经验的相关人才将不断增多。组建"极客"式跨专业混搭团队的最佳途径有三种：聘用拥有数字化转型背景的人才；招募拥有运营和信息双重职业背景的管理者；充分利用外部资源，如咨询公司或信息技术服务公司。JPB 系统的达米安·马克选择了第一种方案，他从工程师学院招聘一批年轻人，这批年轻人接受专业培训后，融入生产团队，充分发挥其创新才能。赛维传动和法国尚飞选择了第二种途径，并分别招募了埃里克·霍夫斯泰特（Eric Hoffstetter）和奥利维埃·马霍（Olivier Maho）等拥有信息和运营双重经验的管理人才。法国核能巨头 Orano 公司则组建了信息与运营混合式顾问团队，为公司转型注入外部力量。

打通流程壁垒，实现信息互联，如图 20 所示。

161

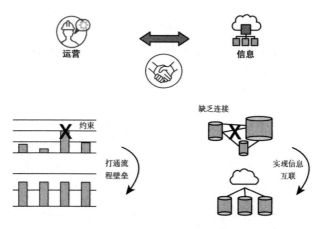

图20　打通流程壁，实现信息互联

企业管理是极其复杂的，尤其是对于大型集团而言。大型集团的技术组织结构具有按"专业技术"划分的特点，从而使参数、标准和专业技能得到更好的利用。而我们需要找到一种恰当的管理方式，使现场的各项举措协调一致，同时推动专业标准与职能标准的改进。为此，第一步也是重要的一步是设立"数字/运营"架构师一职，由其负责制订计划、确定优先事项、保证目标的连贯性，以及对计划完成度和员工技能的提升情况进行跟踪。但这些还不够！

企业要决定事项优先顺序，还需实施例会制度，充分调动技术、信息、运营等各部门力量，以找到最佳答案。在这方面，巴黎一家大型奢侈品集团走出了一条创新之路：借鉴初创企业的模式，成立月例会委员会，各"极客"式转型团队可在例会上

"推销"其提议,委员会决定各项提议在概念验证之后大规模实施的时间周期。随后,专业技术团队提出自己的意见,评估提议实施后可能造成的结果,并据此投赞成或反对票。小型企业的流程会更加简单,例如 JPB 系统的流程,达米安宣布他不审查任何内容,各团队可以自行确定项目的优先顺序。但达米安还提到了重要的一点,"必须对项目的结束时间有所了解,因为概念验证的结果通常比之前的情况更差"。因此,领导者需做出判断,是鼓励团队继续,还是因为付出远超收益而要求团队终止项目。

163

最后,信息部门也需转型,而引入外部力量可以在一定程度上激发内部活力。正如服饰品牌 H&M 招募来自谷歌的人才,许多集团聘请来自技术领域或具有价值链下游工作背景的首席数字官(Chief Digital Officer, CDO)。这样可以有效避免部分问题的出现,如首席数字官权力过大,压制信息部门;注重"商业、市场、营销"的改进,但忽视运营水平的提高;认为"数字转型只是 CDO 的职责";等等。

关于信息部门转型,企业可以从精益生产转型的过程中得到启发。企业启动精益转型之初,通常会设立精益生产经理一职,以显示转型的重要性,并确保转型初期的成功。而只有当每位员工将"精益"原则贯彻到每日工作时,精益精神才真正扎根于企业的文化之中。同样,数字转型需要技能和思维方式的改变。部分企业(如施密特集团)已将数字技能引入各个级别的团队,因此不需要架构师或首席数字官。但对其他多数企业而言，转型必须始于团队的组建。企业如何避免卡在转型第一关？企业一开始应让领导团队参与进来，对目标做出清晰的解释，数字化转型不是简单设立独立的信息部门，而是要求数字化成为员工日常工作的一部分。

三　广师求益

如今，绝大多数行业领导者已清楚数字化和新技术是确保公司未来发展的关键。面对时代发展趋势，工业企业可以分成三类：第一类属于领先者，其商业模式和组织模式都具有较强的竞争力。法国有数百家这样的企业，全球有数千家，约占工业企业总数的5%；第二类企业占60%～70%，这类企业虽已启动转型项目，但概念验证后频繁遇到推广难题，或管理层制定的方针无法在现场执行，只能停滞不前；第三类企业占20%～30%，这类企业的领导者有转型的想法，但也对转型能否成功持怀疑态度。这类企业最常见的问题是缺乏可用人才，或因为短期的运营目标导致资源无法合理分配。

对于第二类和第三类企业的管理者而言，广师求益非常重要。目前，世界各地相关展会数量繁多，如法国全球工业展、ViV工业展、法国BE 4.0展览、德国汉诺威工业博览会、深圳国际电子展等，为同行交流提供平台。几年来，众多举措或倡议频出，如法国国家投资银行的加速器为企业管理者提供完整的诊断服务，并为企业提供与其发展规模相适应的示范经验；法国化学工业联合会发出倡议，为其9000多家成员企业搭建沟通渠道；法国阿基坦大区的"未来工厂"和法国大东部大区的"未来工业"等。例如，法国大东部大区经常组织各类主题会，为当地明星企业提供展示平台，为各类企业就某一既定主题（如自动化、新管理方法、生产或物流数字化、综合质量等）提供交流机会。甚至许多法国市镇也组织以超级制造为主题的俱乐部，企业领导者可以在此相互交流失败或成功经验、学习新的实践、测试新的解决方案（有的组织建立了微观装配实验室或示范实验室），这些活动能够帮助企业管理者克服对转型的恐惧，并证明"快速失败"不仅是纸上谈兵。

165

商业案例

JPB 系统：不知不觉中完成超级制造转型

超越自我，成就梦想：一段难以置信却又激动人心的经历

达米安·马克担任中小型企业老板已有十余年，他与埃隆·马斯克很像。达米安在36岁时，没有特斯拉模式或工业4.0概念可供参考，他超越行业的颠覆性灵感更多来自求生的本能。他说："发展公司是为了使我父亲继续活下去。"尽管事情已经过去许多年，但当达米安提到已故的父亲时，依然情不自已。正所谓热情可以解决一切难题，JPB系统的历史则是由代代传递的热情所谱写。达米安的父亲

166

让－皮埃尔（Jean－Pierre）出生于 1958 年，喜欢摄影艺术，但这一爱好不被自己的父亲认可。于是母亲为让－皮埃尔申请了卡昂勒莫尼埃学院（Institut Lemonnier）的机械专业。此后，让－皮埃尔虽从事机械类工作，但依然保持着艺术家的创造力。工作几年后，他敢于对航空制造业的一种通用做法提出质疑：将固定螺母与制动拉锁连接在一起，以避免扭矩损失的风险。这种做法耗时费钱，且无法保证可靠性。让－皮埃尔开始研究改善方案，但就像所有开创者一样，他常常被人质疑，毕竟"如果改善方案可行，航空制造业的前人早就做出来了"。但是，1995 年，让－皮埃尔的老板力排众议，决定与他共同建立一家新公司。六年后，让－皮埃尔终于开发出成功的产品，而达米安也结束了他的高中学业。达米安和其他普通学生一样，喜欢实践更甚于理论。他认为高等专业学院（Grande école）更倾向于教授理论，因此希望凭借不错的高考成绩申请大学工艺研究所（IUT）。达米安对电子技术表现出浓厚兴趣，并最终以优异成绩毕业。他决定去工程学校继续深造，但与同窗相比，他选择了一条不同寻常的人生道路：去非洲实习，然后从事项目主管工作。他热爱自己的工作，自认为职业生涯的起步非常顺利。

167

　　自此以后，达米安和父亲各自经营着自己的事业，但生活的偶然事件使父子两的职业生涯产生了交集。父亲让－皮埃尔的身体状况急剧恶化。一次心脏病发作之后，父亲陷入昏迷。毫无疑问，这对达米安来说是一次巨大的打击，他之前总是拒绝接手父亲的公司，对其业务更是一无所知。情况紧急，他决定接手公司并一切从零开始。几个月后，出乎意料的是，父亲从昏迷中苏醒过来。在父亲苏醒后的一年半里，达米安尽可能利用机会学习新业务。公司依然面临巨大危机：尽管赢利，但公司过度依赖唯一的大客户，负责该客户的三位员工每天从早到晚都在忙碌。此外，为获得公司的控制权，达米安在法律谈判中耗费了大量的精力。那时，许多人断言达米安会失败，他只能坚持努力，并直面更多风险。最后，他成功赢得公司的控制权，但在他的整个法律诉讼过程中，母亲为了支持他用光了所有积蓄。

十年后，JPB系统取得了令人瞩目的成绩。该公司为全球四大发动机制造商及其主要合作伙伴提供服务，营业额超过1800万欧元。初期的种种艰难已经深深烙入公司文化中，努力、激情、勇于冒险成为全体工作人员的座右铭。

另辟蹊径，提升业务水平和竞争力

航空制造业具有较高门槛，选择在这一行创业意味着创业者必须付出更多努力。达米安接手这家初创企业后，需要对一切进行重新规划。他没有犹豫不决，只认准"追求卓越，这是我们唯一要做的事情"。JPB系统确实取得了非凡成就，多年来，该公司接连获得多项荣誉，并被公认为航空制造业的标杆企业。成功之路并非一帆风顺，达米安接手公司后，推翻墨守成规的旧俗，坚持开展自我批评。"我始终比他人领先一段距离"，他用这句话概括自己的经营理念。"向前，持续发力"，该公司成功的关键是果断和精力，但这些还远远不够。当我们和达米安一同探寻公司成功的根本原因时，发现达米安是一位既有远见卓识，又谦虚务实的领导。他说："我来自电子行业，对机械一窍不通，因此一开始我别无选择，只能多观察。"达米安不断调整和学习，也正因为没有机械专业背景，他敢于挑战机械专家永远不敢打破的常规。正值公司迎来强劲增长，他决定从零开始，建设一条全自动生产线，从而避免了将生产线转移至波兰。这一举动看似疯狂，但最终给 JPB 系统带来了成功。当然，一开始并不顺利，生产线的可靠性问题并没有得到快速解决。然而，达米安即便在最困难的时刻也坚持下来，为他的团队树立了榜样。他说："我们始终坚定信念，从不怀疑。"

169

　　除此之外，持续提升执行速度也为公司的不断发展壮大注入活力，其中最明显的例子便是决策速度的加快，这一切都离不开团队的信任与自制能力。达米安表示："我从不长时间犹豫，别人跟我汇报时，我通常会现场做决定，最晚也是当天决定。"

与外界相连是初创企业的生存之道

　　不是每一位中小型企业的领导者都有可能成为埃隆·马斯克。对规模小、专业单一的企业来说，招聘和发展人才已经是巨大的挑战。JPB 系统成立之初只是一家设计公司，让·皮埃尔开发的产品极具创新性，但公司规模太小，极度依赖零部件供应商和唯一一家客户。因此，要发展业务，公司就必须与其所处的生态系统建立更紧密的连接关系，进行垂直整合。

　　为此，达米安采用了一套适用于初创企业的策略：首先，充分了解客户群体，从而绕过中间机构或大型竞争对手。于是，他很快就识别出新的客户群——过程工程师。他们在设计过程中，需要尽快制造原型，以展示给内部决策者。于是，达米安和团队投资了第一套设备（机械加工设备、高炉、测试台），并且该公司在一周内完成了零部件的开发和测试工作。这样的周期在航空制造业具有革命性意义，也因此为达米安赢得了好几份合同。

但公司规模小，甚至达不到某些客户对供应商的要求标准。达米安联合当地其他企业，组成规模足够大的合作联盟，从而赢得了英国或美国大型客户的信任。

最后，再高涨的热情也不能脱离实际行动。小规模企业的困境还体现在与大型供应商打交道的过程中。达米安认识到，公司必须拥有制造能力，才能满足航空供应链对时间的要求。他的目标是追求卓越，不接受提供平庸的服务水平。于是，他决定在法国投资，建立自有的高度自动化生产线。冒着巨大的投资风险，JPB 系统的团队还决定开发自己的信息系统。达米安对 ERP 市场进行了仔细调研，但发现这些系统要么过时，要么响应速度慢，要么使用不舒适，没有一款产品令他满意。他再次迎接挑战，决定开发自己的制造执行系统。他解释道："这个系统是由我们和两个刚毕业的年轻人一同开发的。"如果 JPB 系统对供应商的周期不满意，那就带领积极进取的团队，自己解决问题。该公司始终坚持这样的理念。

目前，该公司虽已发展壮大，达米安依然居安思危，打算继续扩大联系网络：与高校保持紧密联系，参加法国投资银行加速器项目，加大宣传力度以扩大公司知名度并吸引人才……在一个广阔无边的市场内，对于一家规模小的企业来说，与外相连是成功的关键之一。

170

发展团队： 以人为本， 技术第二

在整个过程中，人力资源管理无疑是最难处理的事项。提到这一点时，达米安又显露出严肃的神情。他说："人力资源管理是成功的关键因素。"但他没有料到人力资源管理如此复杂，尤其面临人员离职时，"我个人很难接受同伴的离开，但必要时，我们必须勇敢面对现实，这样对双方都有好处"。承认错误是 JPB 系统文化的一部分，也是该公司与数字世界共有的特征。

达米安继续说道："技术能力强并不能带来转型成功。"最重要的是领导者与团队之间的信任，只要愿意，每个人都有自己的发挥空间。达米安甚至饶有兴致地解释他如何招聘员工。他有独特的聘用方式，甚至会因人设岗。他表示："我欣赏某人，可以给他提供职位，但具体职位要以后确定。"最近，达米安雇用的一位曾在中小企业任总经理的员工，这位员工先适应了一段时间，体验了两个部门的不同职位，并最终选择了商务部门。在这里，团队以为公司的发展做贡献而自豪。达米安还很自豪地提到部分员工从学历低的新人成长为公司高管的逆袭过程："我信心十足。每个人都有自己的发挥空间，但进步最快的往往是那些最积极的人。"

信任的另一面是自由。达米安打趣道，公司在他缺席的情况下也能运转良好，"员工向我展示刚从实验室做出来的最新原型时，我非常感激，并为他们感到骄傲，而这也是他们自己的骄傲"。

但最初，吸引人才并不容易，部分员工加入 JPB 系统时甚至以降薪为代价。最初招聘的员工被这场非同寻常的冒险之旅吸引，并组

成了坚实的核心开拓团队。达米安提出了宏伟的愿景，更身体力行，严格要求，树立榜样。他说："我的要求标准非常严格，甚至要求机器供应商对不可见的零部件进行喷漆。而且，我认为工厂应该像实验室一样干净整洁。"达米安把这样的严格标准贯彻始终。一开始，他深思熟虑，并同意原子（机械）与比特（电子）的结合，两者的结合给公司注入不同的文化基因，并影响着经营方式、开发和生产过程，以及雇用和发展人才的模式。

JPB系统是旧工业向数字转型的杰出典范，除此之外，还有众多企业家正走着与达米安走过的路，引领自己的团队迈向超级制造。

四　实干为先

"快速失败"适用于所有人，也包括管理者，而这也是领导者对这种新思维方式最担心的一点。作为具有远见卓识的引领人物，领导者怎能犯错？

关于这一点，确实存在两个概念冲突：一方面，"超级领导"必须有远见，能够提供超越简单经济框架的理由以吸引人才；另一方面，实现远景目标的途径尚不清晰，如果激励团队在目标实现的过程中勇于冒险，领导人自身也必须敢于承担风险并犯错。正如达米安所说："犯错是日常工作的一部分，是长期选项，而快速决策是必选项，只有这样企业才能快速发展。"而正是在快速迭代的过程中，团队才得以对错误进行纠正。领导者要支持这样的理念，就必须准备好以谦卑的姿态接受自己和他人的错误。

领导者还需深入现场，了解具体情况。正如上文关于"极客"式跨专业混搭团队的内容所述，最先进的领导者通常具有运营和信息双重背景。而不具备双重背景的大多数人则需要不断学习，接受自己一无所知的现实，克服恐惧心理，敢于走进神秘的未知世界，如类似 ERP 的"禁猎区"。企业只有走出这关键的一步，才能建立适合自己的数字化流程。**商业智能（BI）**是协助企业起步的神兵利器。如今，大多数供应商有自己的 BI 软件（如 power BI、Tableau、Canva、Netsuite 等）。此外，企业还可以利用结构化查询语言直接从服务器获取信息。

亚马逊的一位高级主管曾提到，当他加入公司时，因为找不到年轻工程师帮忙查询和编辑数据而十分惊讶。在和领导沟通后，他才得知这些工作都应该由自己负责。"你了解 SQL 吧？自己搞定就好。"这是领导留给他的话。要成为一家"以数据为中心"的公司，每位领导者必须善用各种工具，了解如何管理和使用数据，懂得如何运行系统，以便更好地掌握现场工作的全局情况。

"超级"领导不懂如何查找数据，无异于维护主管不知何为工业可编程控制器。

五 超级制造的四个关键点

要顺利完成超级制造转型，企业就必须在各个层面推进"原子"与"比特"的结合。但如何推进以上工作？关键点有四个：技术的发展必须围绕人的需求、逐个解决问题、对角转型、牢记精益生产的基本原则。前两点来自数字世界，后两点则体现了工业界的特征，即组织复杂、人员庞大。

以人为本，技术次之

与第四次工业革命有关的技术已被多次谈及，在这方面，互联网巨头可供借鉴的经验比比皆是。正如爱彼迎数据科学家莱利·纽曼（Riley Newman）所说，并不存在所谓的独立"技术王国"。技术正改变整个经济体系，爱彼迎的本质是酒店业务，而优步则是客运公司。要创建价值，企业就必须始终以外部客户或内部员工的需求和使用体验为中心，必须依靠观察法、访谈法，带着同理心去理解他人。当然，这不意味着盲目听命于他人，正如亨利·福特（Henry Ford）所说："如果我倾听他人意见，我只会发明速度更快的马车。"转型的必要条件是，企业应细致入微地了解服务对象（客户或内部团队）所遇到的问题，然后再去考虑业务模式或相关技术。当然，至关重要的是，企业要懂得如何将"痛点"转化为解决方案，并找到使该方案赢利的业务模式及技术。

175

总而言之：以人为本，技术次之。

各个击破，逐步改善

第二个关键点与转型的广度有关。我们常常希望一蹴而就完成转型，成千上万家企业正是抱着这样的错误思维，建立了大型ERP系统，并认为该系统可以一劳永逸地解决所有问题。而事实是，根据情况各个击破，逐个解决问题才是上策。"小规模"并不等于"局部"，广泛部署需以局部为起点。例如，如果要实现设备性能监控的数字化，企业就必须先从单台设备的测试开始。一旦操作人员对整个过程充分了解，且管理制度已更新，相关过程已优化，企业便可考虑将方案推广至其他设备，并把数据上传至信息架构中。如此一来，信息架构可以逐步稳定更新并清理数据，且无须重大更改。

超级制造转型与精益生产的实施过程非常相似，且目标均为实现系统的再平衡。前者聚焦创造使用价值，后者则关注具体任务；前者要建立敏捷的信息架构，后者欲打造高效的生产线；前者以数据为中心减少对ERP等大型系统的依赖，后者则注重减少对操作员的身体约束。在精益生产中，我们既要"统领全局"，通过价值流程图查看整个流程，也要系统地对各个流程或工位进行"逐步改善"（改善每个工位的操作标准、管理标准、行为标准），而这样的方法同样适用于超级制造。

176

对角转型

一次成功的转型必定兼顾整体与局部，既有全局战略计划，又能以测试与学习模式实现快速迭代。这种"自上而下"和"自下而上"的巧妙结合组成了对角形式的转型。系统的基础是人才（如程序员），但系统也需要数据。企业对某个方案进行测试，然后实时收集方案执行过程中的数据，可以更敏捷地推动转型计划的实施。同时，企业还可以积极参考部分精益生产的管理定律。对角转型如图21所示。第一条定律是速度。每个人的适应速度都不尽相同，大多数人的适应过程呈一条曲线（所谓的

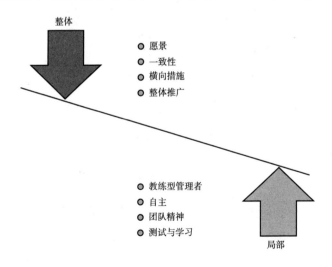

图21 对角转型

"哀悼曲线"），即从接触新方案，到否认，到愤怒，再到接受新

177　方案。第二条定律是用户细分。研究表明，对于传统的转型项目，通常10%的人非常支持，20%的人绝不支持，而70%的人则表示中立。因此，企业应将70%的摇摆人群拉入支持阵营。对于数字产品而言，分歧依然存在，比例略有不同，但结果更加微妙。约5%的人为超级用户，即能够使用高级功能的用户，他们是内容创建和传播的主力军；约25%的用户以使用基本功能为主，并较少创建内容；剩余70%为不活跃用户，仅仅是内容的"消费者"。用户金字塔如图22所示。

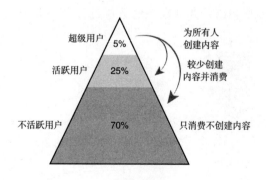

178

图22　用户金字塔

　　工业企业如何利用这些统计数据？首先，欲速则不达，企业要避免一下子说服所有人。其次，超级用户是组织转变的关键，企业要赋予他们创建内容的自由，即便内容超出它们的专业知识领域。例如，企业要启动数字化操作标准程序，不应期望每位操

作员创建与其工作有关的操作标准，而应紧紧抓住那些最积极且愿意贡献并创建标准的操作员。最后，活跃用户将产生直接影响，使不活跃用户更易接受新程序。与工厂管理团队直接干预相比，这种方式显然更加自然和有效。

工业2.0是工业4.0的前提

成功转型离不开前期的积淀和基础。在超级制造体系中，大部分精益生产原则依然有效，甚至至关重要。脱离这些基础，无异于搭建空中楼阁。但如果已经错过精益生产革命，企业还有机会迎接新时代的挑战吗？工业革命进行的速度如此之快，以至于企业很难回过头来先实施精益生产原则，再进行超级生产转型。因此，企业必须立即行动，进入超级生产领域，同时牢记精益生产的管理和组织基础原则，如标准化、管理程序、主动观察、迅速反应、持续改善、赋予操作员自主权等。企业应通过现场培训，以各个击破的方法，逐步实现技术化和数字化，以推动精益生产和超级制造的同步转型，而企业组建的"极客"式跨专业混搭团队将护航整个转变过程。

179

结　语

如我们所见，超级制造是一种组织模式，它依靠过去的基础，充分利用数字化和新技术，以催生出更适合 21 世纪社会的生产过程、产品与服务，其特点是高效快速、及时响应、生态环保，同时以"使用"为中心，带给客户和工业团队更舒适的体验，并且超级制造企业尊重所属价值链或所处地理区域内的其他成员。超级制造的领先企业已经显示出这一模式的强大生命力。

超级制造将推动欧洲、美国、日本等地工业的复兴，亦可促进中国、韩国、越南、拉丁美洲、北非等新兴国家或地区工业的可持续发展。

皮耶·维勒兹（Pierre Veltz）曾于 2017 年预言"超工业时代"的出现，在这个时代，研究、创新、投资、人才将集中于大都市圈，导致所有工业大国出现地区与社会不平衡的重大风险。① 因此，未来我们面临的主要挑战之一便是重新考虑财富的地域分配，以更好地实现社会平衡。工业企业把总部、决策中心

① *La Société hyperindustrielle*, op. cit.

181

设在大城市，把工厂建立在边缘地区。这些工厂是联系城市与边缘地区的天然纽带，也充当着两个世界之间人流与物流的调度器以及思想与文化的传播媒介。经历超级制造革命的工业系统将有利于解决地区与社会失衡这一长期存在的全球性问题。

未来平衡的生态系统是什么样的？当前的一些趋势已显示出种种可能的发展迹象。

一方面，大型工厂倾向于靠近大城市，以利用新型人才，如特斯拉公司在旧金山、上海和柏林先后建立超级工厂；另一方面，微工厂在商业区附近成立，以生产量身定制的产品，如萨洛蒙和阿迪达斯。处于两种模式之间的是地处偏僻的传统工厂，它们正利用超级制造的各种方法，朝着敏捷和互联转型，以保持竞争力。最终，技术巨头、初创企业、自动化工厂、研发机构等将形成一个新兴的创新生态系统，以一种开放的模式为社会提供颠覆性的产品和服务，例如美国硅谷和中国深圳。深圳金彩虹位于深圳郊区，它的一名姓李的经理曾总结道："制造业永远不会消失，但金彩虹是平台，而不是工厂。我们的目标不仅是使员工获得更美好的生活，还希望客户和本地设计师将我们视为勇于创新、坚持环保理念、值得信赖的合作伙伴。"除此之外，还有众多其他产业集群通过整合经济、地理、社会、环境等因素，对未来工业进行全局规划。例如，法国里昂都市圈最近围绕大里昂地区工业定位展开了深入讨论。

　　工业正处于巨变中。工厂在转型，工业模式和协作方式也正经历着重大转变。超级制造将作为航标，引领这场刚开始不久的转型运动以一种人道的方式向前推进，并赋予我们勇敢面对未来的信心。

183

专业术语

A/B 测试（A/B Testing）： 向一个或多个消费者样本群体提供同一产品的多个变体，以确定最佳版本。这种技术常用于电子沟通领域，其成本较低，可对网页版本、客户画像、功能等进行测试。

无人搬运车（AGV）： Automatic Guided Vehicle，可自主移动的运输车，常用于工业或物流领域以移动或运输货物。最早的无人搬运车起源于手动推车。

安东系统（Andon）： 源于丰田生产系统（见 TPS）的术语，指当故障或质量问题出现时，工作站或生产线上的操作员手动激活声音或灯光信号警报系统，从而通知相关部门快速解决问题。

应用程序接口（API）： Application Programming Interface，由软件"供应商"提供的功能集合，软件"消费者"可通过该集合进行程序开发。程序员无须了解其内部运行细节，只需知道该集合如何与其他软件交互（编程接口）。

185

BATX： 四家中国科技企业百度（Baidu）、阿里巴巴（Alibaba）、腾讯（Tencent）和小米（Xiaomi）的简称，其对应的是在中国市场相对缺席的五家美国科技企业 CAFAM。

商业智能（BI）：向公司管理层传递信息的一整套工具和方法。其目的在于帮助管理层了解相关环境并为其做出战略决策提供支撑。商业智能以收集和存储数据能力为基础，然后根据具体分析需求将其转化为可用的数据格式（表格、图形、仪表盘、数据可视化等）。

协作机器人（Cobot）：该词由"cooperation"和"robot"组成，指在一定工作空间内协作人类操作员完成任务的非自主机器人。

V 模型：按照阶段顺序逐步推进线性项目管理方法。其开发过程呈 V 字形，左边是产品细节构思和设计，右边为产品的组装，同时伴随质量验证工作。该模型严格遵守开发流程，也因其僵化和速度缓慢而受到批评。自 2000 年以来，行业提出与之相对的敏捷开发模式，该模式来自软件行业，具有增量和迭代的特点。

数据湖（Data Lake）：储存大量数据的一种方法，数据以本机格式或较少处理的原生格式储存。数据湖允许结构化、半结构化、非结构化等不同类型的数据共存，以供可视化、分析或机器学习。从海量的数据中筛掉无用数据并提取有价值的信息非常困难，这是数据湖与数据仓库（Data Warehouse）相比存在的不足之处。数据仓库的数据均经过处理和结构化，但其配置较为僵化。

企业资源计划（ERP）：Enterprise Resource Planning，企业资源计划可以将人力资源、财务管理、决策支持、销售、分销及采购等企业所有流程整合为一体。企业资源计划能够以本机格式提供标准化和实践性强的信息化管理流程，但企业资源计划并非"交钥匙工程"，企业必须根据自身特性和行业属性对其进行适配处理，且适配过程周期较长、成本较高。与企业资源计划相对的是专门应用软件，如客户关系管理（CRM）、车间管理或维护管理（GMAO）。

先进先出（FIFO）：工业库存管理方法，即先生产或先购买的产品也是先被取出的产品。该方法要求库存区域有与之相适配的布局。与先进先出相对的是后进先出（LIFO）。

GAFAM：谷歌（Google）、苹果（Appel）、脸书（Facebook）、亚马逊（Amazon）、微软（Microsof）五家美国科技企业的简称，其竞争对手包括 NATU（Netflix、Airbnb、Tesla、Uber）和中国的 BATX。

（制造）工艺卡：零部件从开发到存储的生产流程文件。

"最佳办公场所"（Great Place to Work©）：总部位于旧金山的卓越职场研究所业务分布全球 60 个国家或地区。该研究所通过比较方法对"最佳办公场所"进行排名。参与排名的企业需付费注册，并接受对企业内部各组织的调查。"最佳办公场所"评选旨在推动企业在竞争激烈的就业市场中提升品牌知名度。

187

六西格玛绿带、六西格玛黑带：常指从事质量优化和流程效率提高工作的人。这类称呼源于摩托罗拉创立的六西格玛法（Six Sigma），该方法与精益生产有关，但也有不同之处。腰带的颜色（从白色到黑色）表明六西格玛训练人员对专业知识和方法的掌握程度，六西格玛训练人员得到认证后，可从一种颜色升级到另一种颜色。

国际标准化组织（ISO）：International Organization for Standardization，是制定 ISO 标准的国际组织。企业需遵守诸多标准，涉及产品规格、试验方法、生产方式（涉及生产过程中的质量管理和环境保护管理）。第三方对产品、过程或服务是否符合相应标准规定进行审核并颁发 ISO 证书。

信息技术（IT）：Information Technology，指创建、处理、存储、保护和交换电子数据的计算机、网络、基础设施、终端和过程，广义上可指与上述相关的整个行业领域。信息技术通常将组织运营与个人应用或娱乐相区分，但二者之间的边界越来越模糊。

自働化（Jidoka）：日语术语，是丰田生产系统的支柱之一（见 TPS）。当检测到可能产生质量缺陷的异常时，机器将自动停止。在这种系统中，操作员能够同时照看多台机器。

持续改善（Kaizen）：与丰田生产系统（见 TPS）相关的一种质量管理方法，指每日持续的小步伐改进。持续改善推动每位员工思考其工作方式并就此提出改进建议。

看板（Kanban）： 源于日语，表示出某工序何时需要何数量的某种物料的卡片，又称为传票卡，是传递信号的工具。丰田生产系统（见 TPS）的"准时制"机制可将生产线或工作站上的零部件供应与生产需求关联起来。企业可通过零部件上的标签了解补货信息。当一批零部件被消耗，企业便将标签取回至指示看板。目前的看板系统通常为电子看板系统，零部件上的射频识别芯片可直接将补货信息发送至存储仓库。

遗留系统： 常用于信息技术领域，指已经过时但仍存在于组织中的系统。

制造执行系统（MES）： Manufacturing Execution System，为车间提供优化生产活动的所有所需信息，覆盖生产订单至成品整个阶段。企业可通过制造执行系统对信息数据进行集成，如将制造数据集成到企业资源计划中。

制造资源计划（MRP）： Manufacturing Resources Planning，开发于 20 世纪 70 年代，是企业资源计划的前身，且仍然经常充当后者的基本模块。企业可借助制造资源计划，根据人员、原材料、机器和时间的具体情况，按周期和库存需求对生产进行规划。

189

最小化可行产品（MVP）： Minimum Viable Product，具有基础功能和特性的产品可以吸引第一批消费者的兴趣并且为迭代改进及生产最终产品提供反馈。该方法常用于数字和移动应用领域，以加速新产品的投放。

设备综合效率（OEE）：Overall Equipment Effectiveness，涵盖全部影响机器效率的参数统计表，涉及机器的闲置、性能和质量。

准时交货（OTD）：On‑Time Delivery，衡量在承诺日期订单交付率的绩效指标。

调度：指生产管理中在预定日期启动生产或采购订单。工业调度软件是对企业资源计划（见 ERP）或计算机辅助生产管理（GPAO）的补充。

生产指导计划（PDP）：工业生产规划的核心过程，指企业集合大量变量因素（如客户需求、产能水平、库存等），以确定生产内容、数量和频率。生产指导计划以一周或一天为单位，而工业和销售计划（见 PIC）以季或更长的时间周期为单位。

工业和销售计划（PIC）：工业规划的第一步，指根据产品类别对生产及销售进行预测，产品类别是指根据相近的生产过程和使用资源（人力和机器）对产品进行分类。企业各职能部门将获得相关数据，并参考这些数据来制订各自计划（如供应计划、财务计划、投资计划、生产指导计划）。

概念验证（POC）：Proof of Concept，为证明某种方法或概念的可行性而开展的具体或初步、周期短或不完整的实验，概念验证常在新产品或工艺开发的早期阶段进行。

过程管理控制（**PMC**）：Process Management Control，弗吉亚公司（Faurecia）采用的过程控制方法，各个层级管理者通过有针对性的现场巡视以验证流程是否处于控制之下。每位管理者负责工厂内部约十个检查点，每位上级管理者又负责检查下级已经检查过的点，从而确保整个团队保持一致，以达到预期要求。

产品生命周期管理：Product Lifecycle Management，对工业产品设计、生产、维护进行优化的战略方法，整个周期覆盖产品技术规范的制定、关联性服务至生命周期的结束。

快速反应质量控制（**QRQC**）：Quick Response Quality Control，源于精益生产理念。它指工作人员检测到故障后，即时、现场解决故障。它要求在企业内部树立警惕思维和快速反应理念，结合了工作态度和管理理念。

射频识别（**RFID**）：Radio Frequency Identification，指将射频识别芯片植入物件、产品或生物体，以远程存储和收集数据的技术。

191

销售和运营计划（**S&OP**）：Sales & Operations Planning，企业定期完成的共同决策过程，通常每月一次。企业就销售目标、财务目标、内部生产能力等协商、达成一致，并制订一个可行的、可供各部门共享的唯一性计划，以便对关键性资源进行分配，从而达到最终目标。

软件即服务（**SaaS**）：Software as a Service，一种软件服务

提供模式，供应商通过网络提供软件服务。客户无须购买和安装软件，可以根据使用情况购买订阅服务。

统计过程控制（SPC）：Statistical Process Control，企业对过程进行统计控制，利用显示参考值和偏差值的图形，提前部署措施，以改进工业生产过程。

结构化查询语言（SQL）：Structured Query Language，1986年之后的标准化计算机语言，用于查询和管理关系数据库。

单点登录（SSO）：Single Sing-on，通过单次登录连接多个应用的登录技术。用户登录后，可获得登录其他应用软件的权限，无须逐个登录各个应用。

堆栈式开发人员：指在现有编程语言基础上，知识和专业技术能力得到拓展的开发人员。全栈式开发人员指掌握多项技能、能够独立完成信息工具设计和创建的开发人员。他们可以同时充当构架师、前端开发人员、后端开发人员和系统管理员等角色。

（工作）标准：在精益生产中，（工作）标准指定义执行工作的最佳实践方式，从而达到一次性成功的目的。（工作）标准是持续改善的基础，而持续改善又能推动（工作）标准的改进。

接包：不同于分包，接包指企业置身于生态系统内并使利益最大化，生态系统内所有参与者均依赖系统，而系统决定内部的游戏规则。在数字领域，接包概念的产生伴随着数字平台的出现。例如，成千上万家企业围绕苹果公司或谷歌公司的平台开发、销售应用程序。

节拍时间（Takt Time）：使生产数量准确对应客户需求量而必须遵守的生产节奏，相关公式为：可用时间/需求数量。

周期时间：与节拍时间不同，周期时间指完成一个生产单位所需要的平均时间，包括缺陷零件制造和整改的时间。相关公式为：可用时间/生产数量。

通过时间：产品从发布到经过全部制造流程所需要的时间，因此包括加工时间、过程中的等待时间、存储时间，以及质量缺陷解决时间。

全员生产性维护方法（TPM）：Total Productive Maintenance，源自日本的维护方法，旨在发挥全员积极性，最大限度地延长机器生产时间，所以需要操作员对机器有一定了解。

193

丰田生产系统（TPS）：Toyota Production System，日本工程师大野耐于1960年开发的生产方式，之后广泛应用于汽车等行业，并于20世纪80年代以后被称为精益生产。其理念在于"精确"生产，不制造浪费，基于客户真正的需求启动生产操作，以追求产品质量的稳定为目标。

用户体验（UX）：User Experience，用户使用数字或实物产品过程中的体验质量，包括以前更注重的安全、可靠性和效率，以及现在更关注的外观、美学或情感。用户体验使企业在产品、服务或数字解决方案开发过程中更好地考虑用户特征和需求。

价值流程图（VSM）：Value Stream Mapping，能够同时显示实物流和信息流的图，价值流程图是优化生产流程的重要基础。

版本控制：软件开发过程中同一产品不同版本的管理方法，保留所有版本以便随时返回，同时保存所有修改的记录。

未来工业窗口：法国未来工业联盟授予企业或工厂的荣誉称号，以表彰其在工业转型中所付出的努力，以及在生产组织中开发的具体创新项目，尤其是基于数字解决方案的创新项目。

尤卡（Yuka）：2017 年推出的应用程序，用户可用该应用程序扫描食品、化妆品、卫生产品等产品的条形码，以了解产品成分及其对健康的影响。其目的在于帮助消费者为健康做出最佳消费选择，同时推动工业产品的改进。2019 年末，该应用程序在六个国家拥有约 1200 万名用户。尤卡不提供关于产品产地的数据。

索 引

（索引页码为原著页码，即本书边码）

致　谢

　　本书得以问世有赖于诸多工业界同人的鼎力支持，在此谨向所有提供帮助和倾囊相授的朋友表示感谢。

　　超级制造概念是我们多年研究和思考的成果。我们的访谈对象包括操作员、技术员、工程师、研究员、中层领导、高管、股东、学生、合作伙伴、金融人士、地方机构或部门工作人员等，他们拥有不同背景，来自各行各业。正是在与他们对话和交流的过程中，我们得以逐步构建超级制造体系，并最终完成此书。

　　因此，非常感谢在前行之路上有幸遇到的每一个人。

　　本书的完成是集体努力的结果，在此感谢 OPEO 咨询公司团队在本书结构编排上提供的支持，尤其感谢克莱芒·尼森（Clément Niessen）的巨大贡献。

　　感谢格雷戈里（Grégory）、大卫（David）、弗雷德理克（Frédéric）等 OPEO 合作伙伴的支持，尤其感谢安东尼·图潘（Antoine Toupin），他认真校对书稿。

　　感谢 OPEO 咨询公司初创工作室团队在各专业领域的倾囊相授，如查理·布衣格（Charles Bouygues）在管理学领域的建议，勒南·德维里埃（Renan Devillieres）、昆廷·迪布瓦（Quentin

Dubois）和利奥波德·兰伯尔（Léopold Lambert）在数字化专业领域给予指导，埃利斯·莱利克（Elise Lalique）、安德鲁斯·布鲁多（Andreas Blondeau）和让－弗朗索瓦·马赫迪（Jean－Français Marty）从设计领域提出建议。也感谢 Valomat、Kraaft、Fabriq、Mercateam 等初创企业提供的宝贵意见。

感谢玛丽－洛尔·卡耶（Marie－Laure Cahier）为提高书稿质量提供的巨大帮助。

感谢 Mots－Clés 团队在沟通协调方面提供的帮助。

感谢 Dunod 出版社编辑，尤其是纪尧姆·克拉波（Guillaume Clapeau）和让－巴蒂斯特·古吉斯（Jean－Baptiste Gugès）。

感谢伊内斯（Inès）、康士坦（Constant）、维克多（Victoire）、马蒂斯（Mathis）和爱丽丝（Alice）。

198　　最后，谨以此书献给我的妻子。

图书在版编目（CIP）数据

超级制造：后精益生产时代，第四次工业革命的新
模式／（法）迈克尔·瓦伦丁著；陈明浩译. －－北京：
社会科学文献出版社，2022.6
　（思想会）
　ISBN 978 - 7 - 5201 - 9968 - 1

Ⅰ. ①超… 　Ⅱ. ①迈… ②陈… 　Ⅲ. ①产业革命 - 研
究 - 世界 - 现代 　Ⅳ. ①F419

中国版本图书馆 CIP 数据核字（2022）第 055994 号

思想会

超级制造：后精益生产时代，第四次工业革命的新模式

著　者／〔法〕迈克尔·瓦伦丁（Michaël Valentin）
译　者／陈明浩

出 版 人／王利民
组稿编辑／祝得彬
责任编辑／吕　剑
责任印制／王京美

出　　版／社会科学文献出版社·当代世界出版分社（010）59367004
　　　　　地址：北京市北三环中路甲 29 号院华龙大厦　邮编：100029
　　　　　网址：www. ssap. com. cn
发　　行／社会科学文献出版社（010）59367028
印　　装／三河市东方印刷有限公司

规　　格／开本：880mm × 1230mm　1/32
　　　　　印张：6.75　字数：128 千字
版　　次／2022 年 6 月第 1 版　2022 年 6 月第 1 次印刷
书　　号／ISBN 978 - 7 - 5201 - 9968 - 1
著作权合同
登 记 号　／图字 01 - 2021 - 0660 号
定　　价／68. 80 元

读者服务电话：4008918866